JENNIFER DARGEL

Stich für Stich

SCHICK BESTICKT

LIEBLINGSKLEIDUNG INDIVIDUELL VERSCHÖNERN

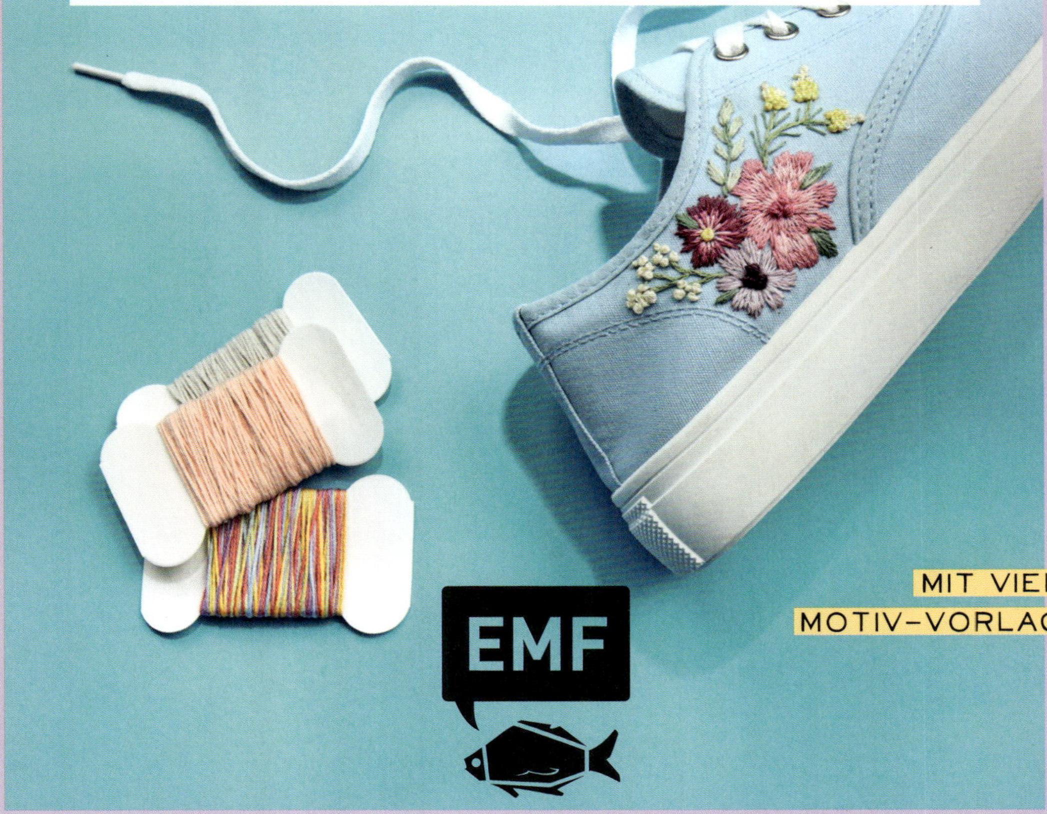

MIT VIELEN MOTIV-VORLAGEN

EMF

EIN BUCH DER
EDITION MICHAEL FISCHER

Inhalt

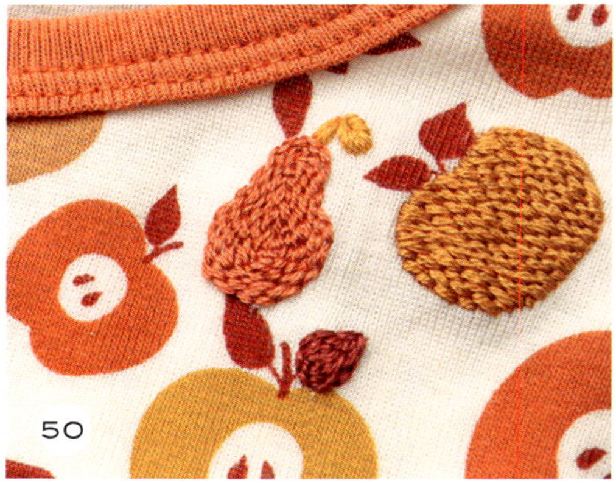

50

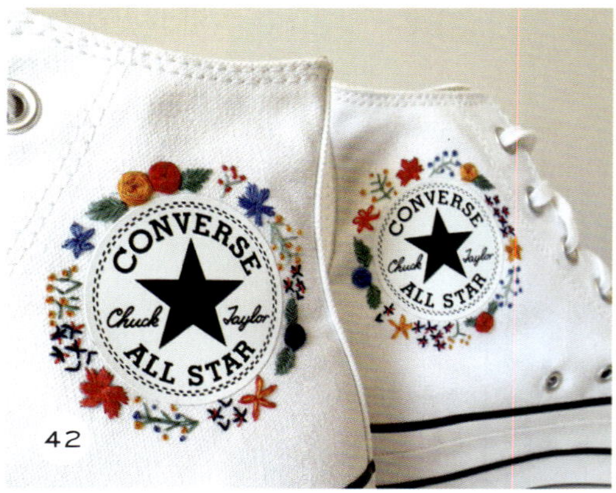
CONVERSE
Chuck Taylor
ALL STAR
CONVERSE
Chuck Taylor
ALL STAR

42

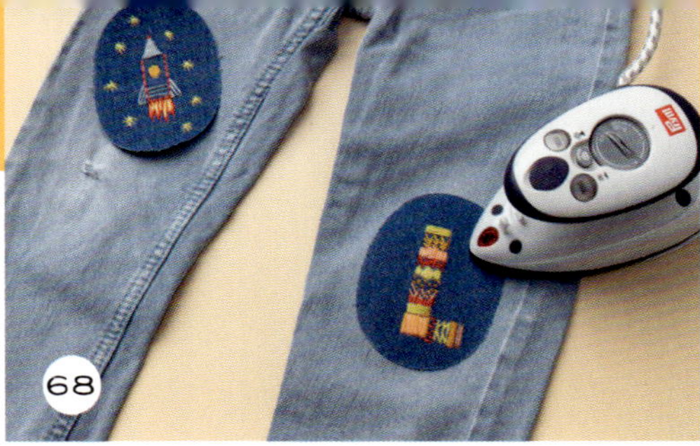

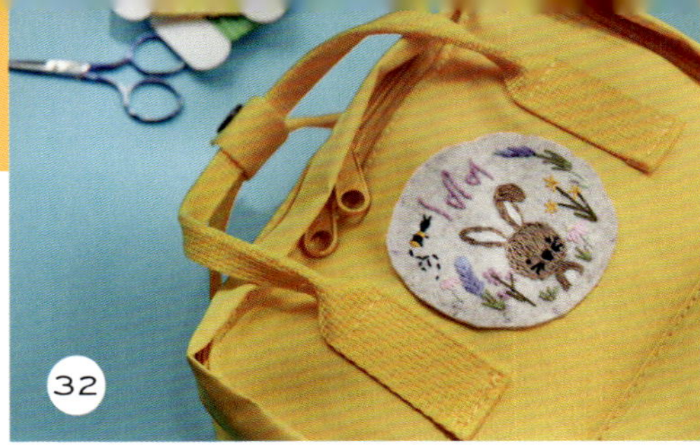

VERSCHÖNERNDE STICKPROJEKTE

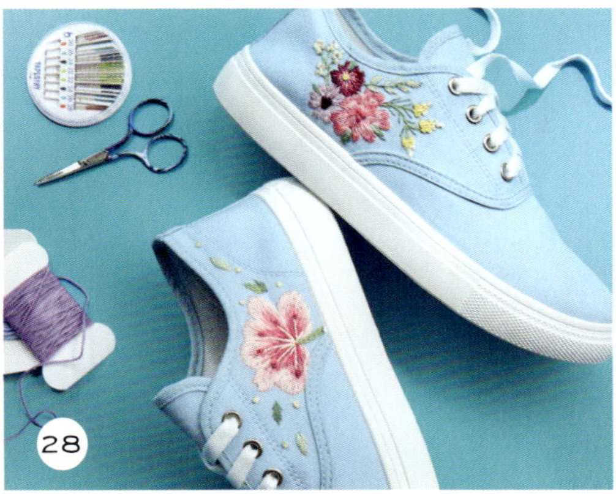

REPARIERENDE STICKPROJEKTE

Vorwort

Hey, schön, dass du dich für das Sticken und Reparieren von Kleidung interessierst. Mit diesem Buch wirst du in kürzester Zeit lernen, wie du mit Nadel und Faden umgehen musst, um deine Kleidung zu personalisieren oder zu reparieren.

Sticken ist eine Technik, die seit Jahrhunderten verwendet wird, um Kleidung, Accessoires und sogar Kunstwerke zu gestalten. Mit ein paar einfachen Handgriffen und ein bisschen Übung kannst du wunderschöne Stickereien kreieren und deine Kleidung damit veredeln. Darüber hinaus ist das Reparieren von Kleidung eine umweltfreundliche und kostengünstige Möglichkeit, um Lieblingskleidungsstücke länger zu erhalten.

Dieses Anleitungsbuch ist für Anfänger und Fortgeschrittene geeignet und bietet bebilderte Anleitungen, um verschiedene Sticharten zu erlernen, wie z.B. den Knötchenstich, den Kettenstich oder den Plattstich. Du wirst auch lernen, wie man verschiedene Fäden, Nadeln und Stoffe auswählt, um das bestmögliche Ergebnis zu erzielen.

Wenn du ein Fan von Upcycling und Nachhaltigkeit bist, dann ist das Reparieren von Kleidung durch Übersticken eine großartige Möglichkeit, um deine Garderobe zu erneuern, ohne neue Kleidungsstücke kaufen zu müssen. Mit den Techniken, die du in diesem Buch lernen wirst, kannst du kleine Löcher und Risse reparieren und sogar Akzente hinzufügen, um deine Kleidung aufzupeppen.

Also, schnapp dir deine Nadel und deinen Faden und lass uns anfangen! Mit diesem Anleitungsbuch wirst du in kürzester Zeit ein Profi im Handsticken und im Reparieren von Kleidung mittels Sticken.

Jenni von Sonntagskreativität

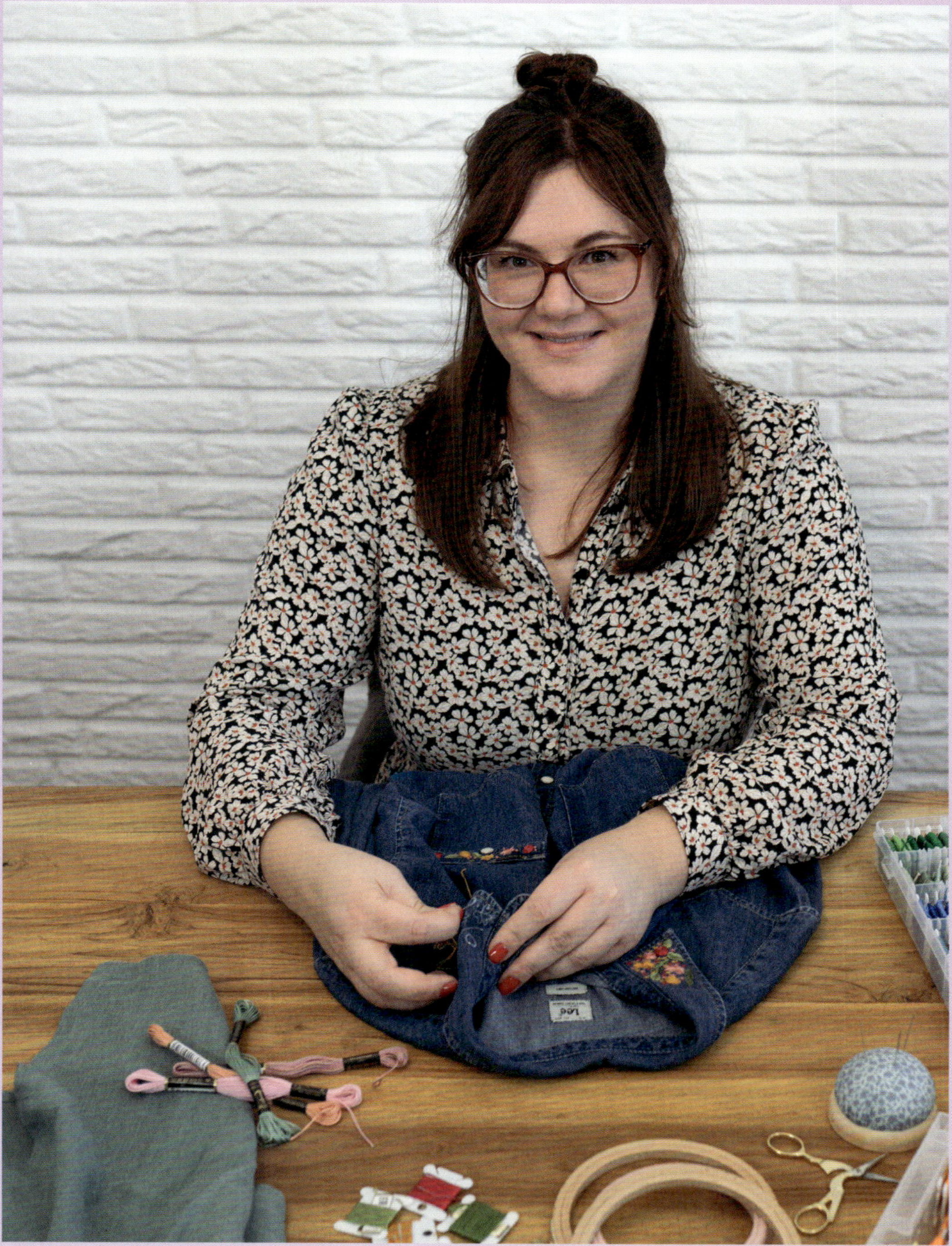

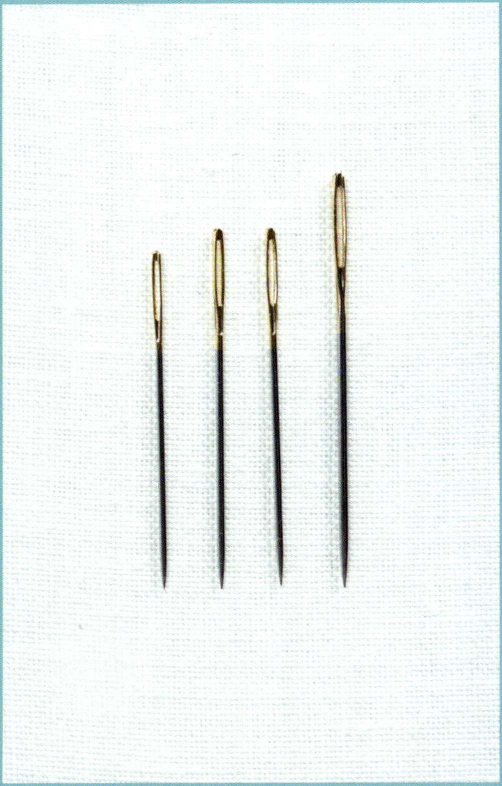

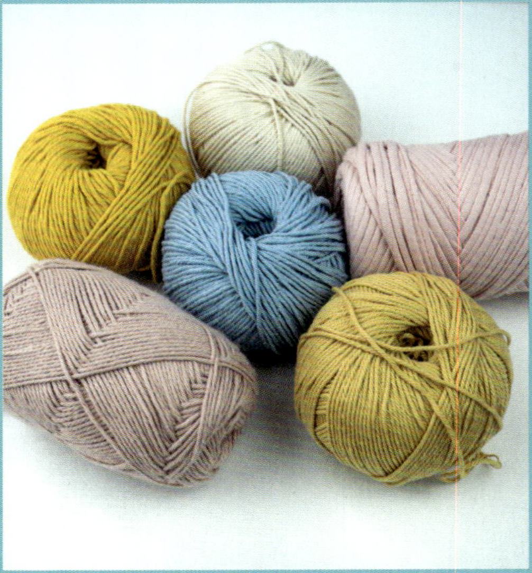

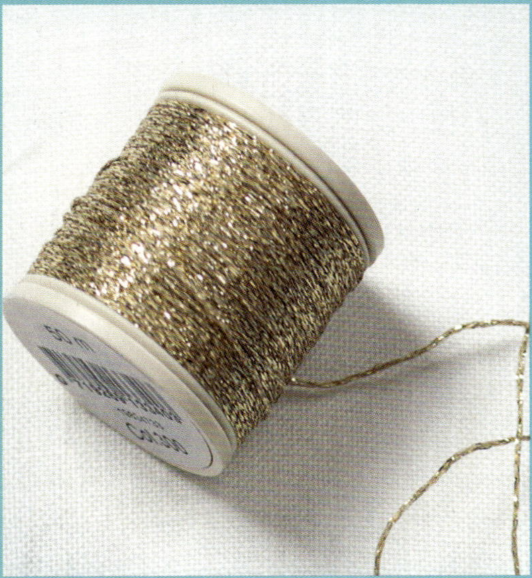

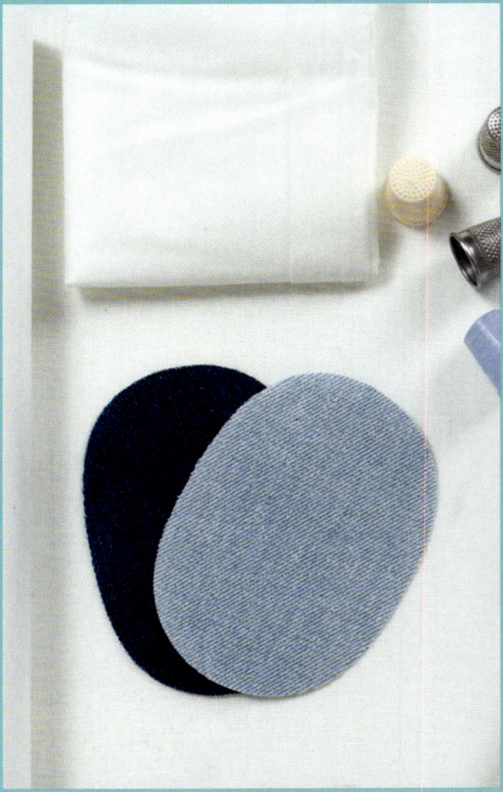

Grundlagen

Handsticken erfordert nicht viel, um loszulegen – lediglich Nadel, Faden und Stoff sind nötig. Allerdings gibt es auch Materialien und Werkzeuge, die das Handsticken erleichtern können, darunter Stickrahmen, Vliese, Stifte und mehr. Auf den folgenden Seiten stelle ich ein paar grundlegende Informationen und hilfreiche Tipps vor.

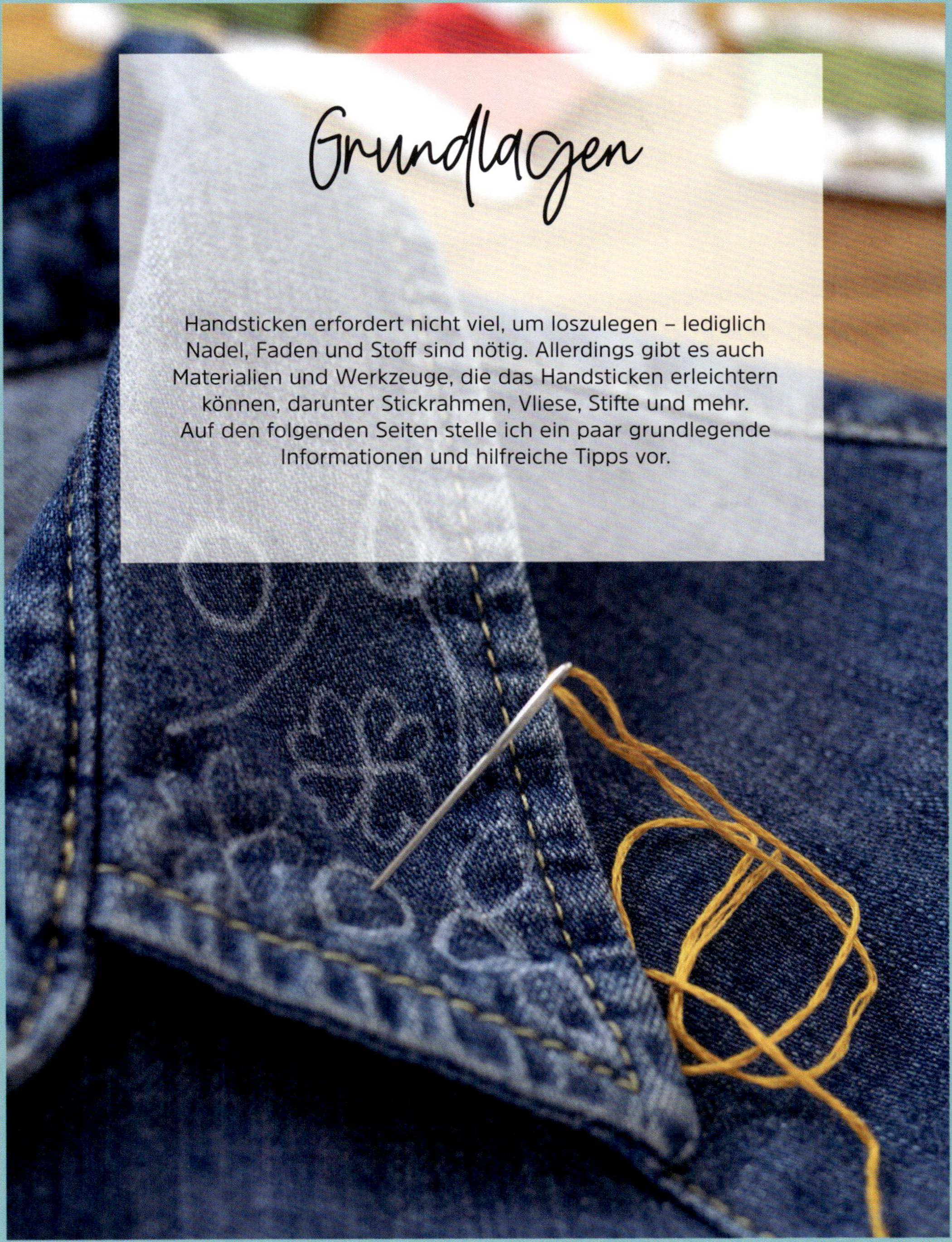

Garn

STICKTWIST

Besteht aus 6 ineinandergedrehten Einzelfäden und ist der Klassiker unter den Stickgarnen. Die Fäden glänzen und werden in 8-Meter-Strängen angeboten. Die Farbpalette ist sehr umfangreich. Man sollte auf Textilien ausschließlich mit hochwertigen Garnen aus 100 % Baumwolle arbeiten, damit die Farben beim Waschen nicht verlaufen und man lange etwas von der Stickerei hat.

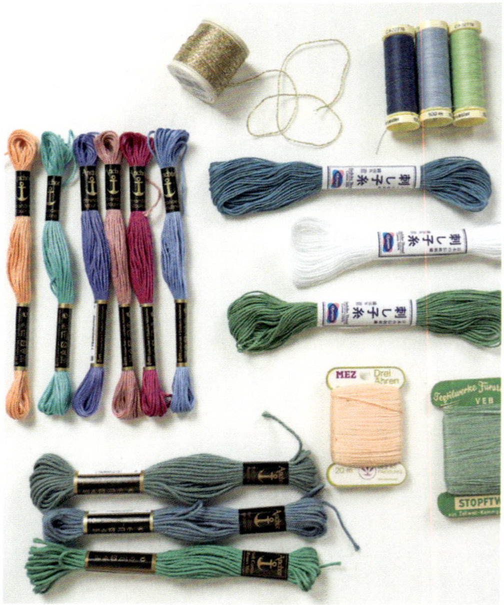

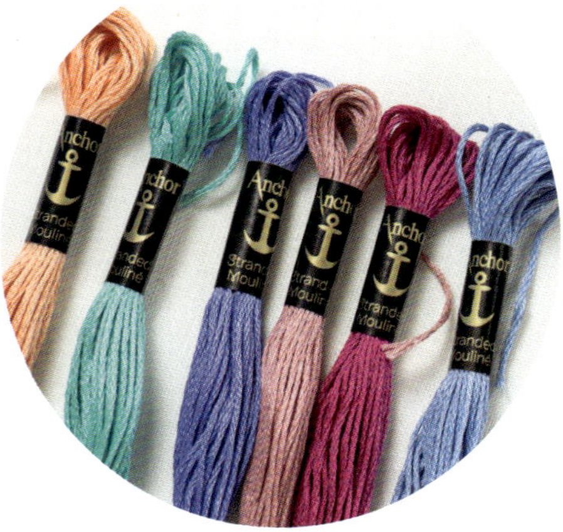

MATTSTICKGARNE

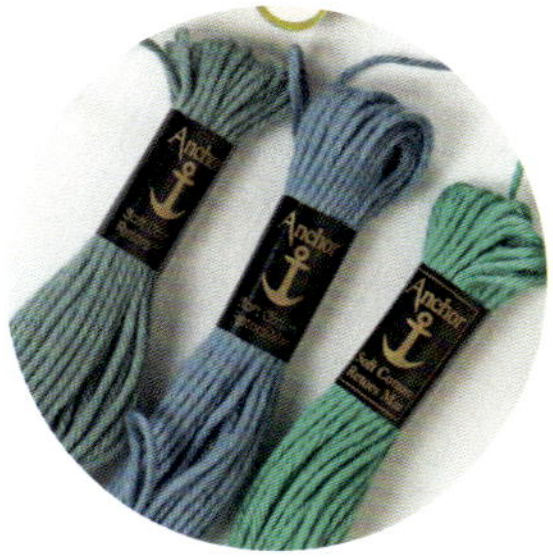

Die Fäden haben eine wollartige Struktur, sind dicker als Sticktwist, haben aber dennoch nur 5 Fäden. Das Garn hat eine matte Oberfläche und besteht ebenfalls aus Baumwolle.

METALLICGARNE

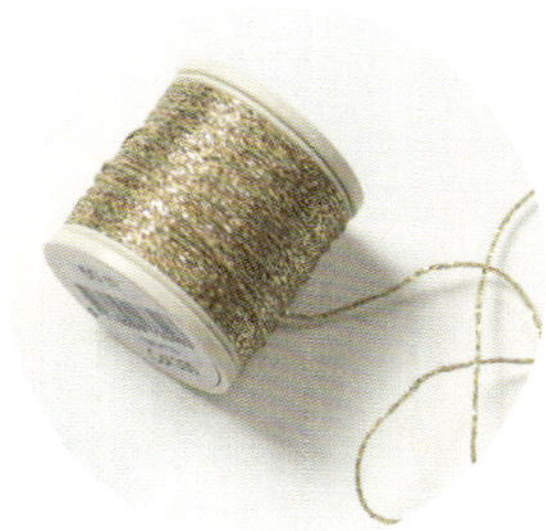

Eignen sich für Akzente und geben der Stickerei einen tollen Glitzereffekt. Sie sind meistens jedoch etwas schwerer zu verarbeiten, sodass man sie am besten nur punktuell einsetzt.

SASHIKO-GARN

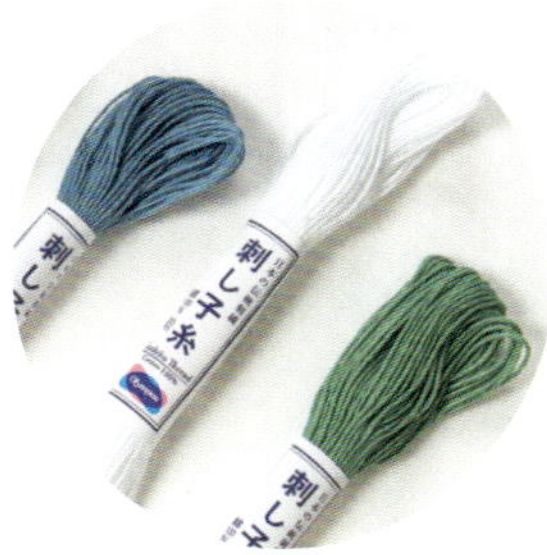

Ist ein mattes und hochgedrehtes Baumwollgarn. Es besteht wie das Sticktwist aus 6 Einzelfäden, diese sind aber so fest ineinander verdreht, dass man Sashiko-Garn nicht gut teilen kann. Durch die feste Garnstruktur sehen die Sashiko-Stickereien dann sehr schön ordentlich aus.

NÄHGARN

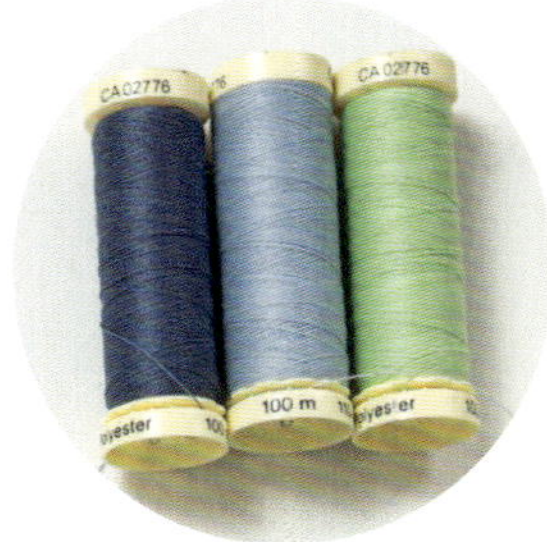

Nähgarn wird häufig genutzt, um Löcher vorab zu schließen oder Flicken anzunähen. Man benötigt nicht viele Farben, aber die Qualität sollte sehr gut sein. Es wird zwischen Polyestergarnen und Baumwollgarnen unterschieden, wobei Ersteres elastischer und reißfester ist und sich deshalb besser zum Reparieren eignet.

Wolle

BIO-BAUMWOLLE

Reine Bio-Baumwollgarne lassen sich sehr gut verarbeiten, da sie pflegeleicht sind und sich in die meisten Textilien gut einfügen. Sie sind matt, bestehen aus 4 Einzelfäden und sind waschbar bis 60 Grad.

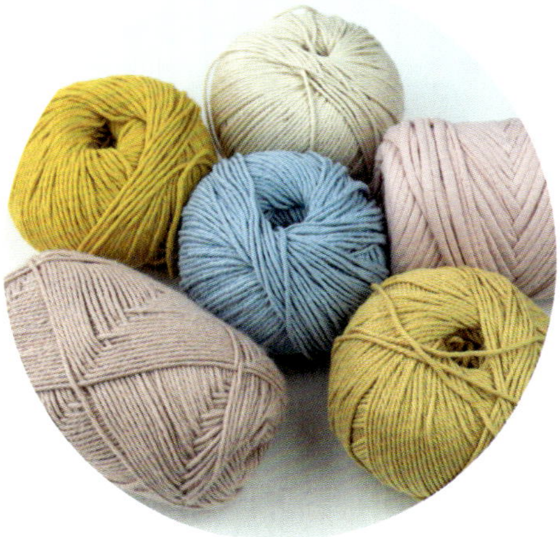

SOCKENWOLLE MIT FARBVERLAUF

Sockenwolle kann, wie es der Name schon sagt, für die Reparatur von Socken eingesetzt werden. Oft sind die Farbverläufe etwas zu lang für eine Reparatur. Um die Farbverläufe dennoch zu nutzen, einfach zwischendrin etwas Faden abschneiden und die Verläufe so verkürzen. Die Reste danach aufwickeln und für das nächste Projekt benutzen.

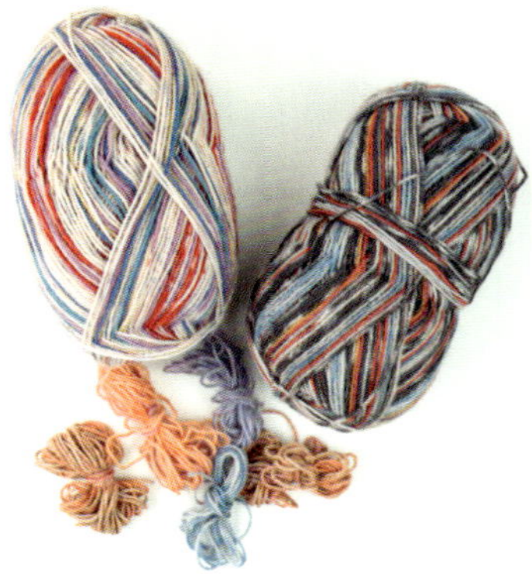

MERINOWOLLE

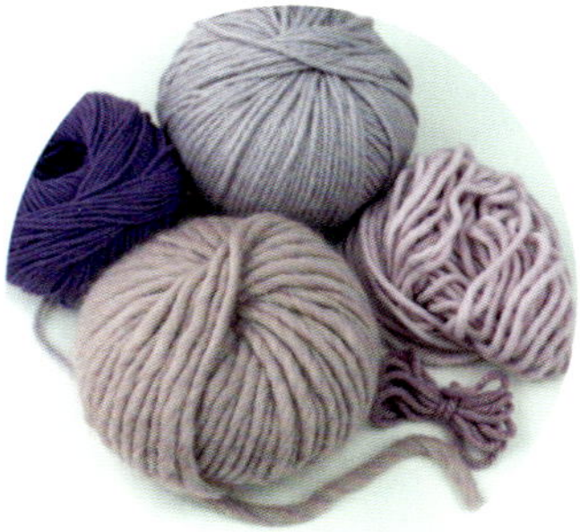

Eine sehr weiche Schafswolle, die es in unterschiedlichen Stärken gibt. Oft wird für die Elastizität noch andere Wolle beigemischt. Sie sollte zum Reparieren nicht zu flauschig und fein sein.

ALPAKAWOLLE

Ist eine sehr weiche und feine Wolle und durch ihre langen Fasern dennoch sehr strapazierfähig. Wird oft auch als „Baby-Alpaka"-Wolle angeboten und ist dann noch feiner.

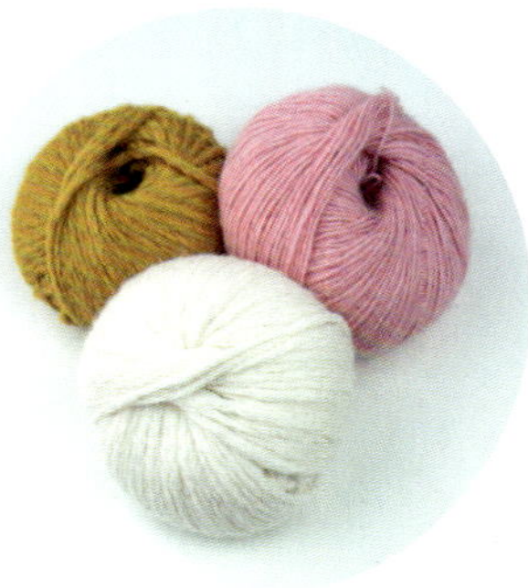

FILZWOLLE

Besteht aus Schafwolle, und es gibt sie als Kammzug (1) oder im Knäul (2) zu kaufen. Letzteres kann man auch zum Stricken und anschließenden Nassfilzen nutzen. Zum Trockenfilzen eignet sich Kammzug-Wolle etwas besser. Filzwolle findet man auch unter dem Begriff „Märchenwolle", sie ist in vielen unterschiedlichen Farben erhältlich.

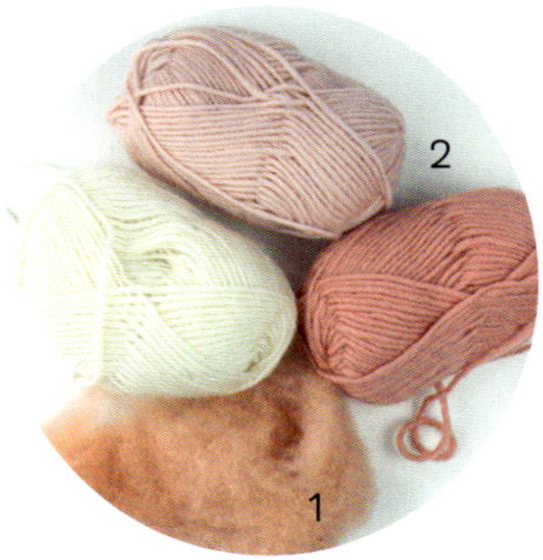

Nadeln

NÄHNADELN

Mit einem Nadelset mit ein paar verschiedenen Größen ist man für den Anfang gut ausgestattet. Je feiner der Stoff ist, desto dünner muss die Nadel sein. Umgekehrt benötigt man für einen dicken Stoff, wie z. B. Cord, eine entsprechend große Nadel.

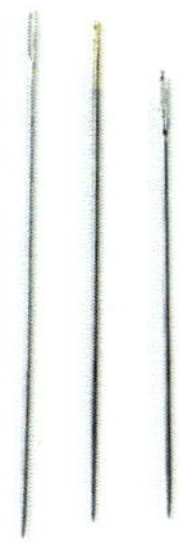

STICKNADELN

Gibt es mit und ohne Spitze und auch hier reichen ein paar Größen. Durch das große Nadelöhr kann das Stickgarn sehr einfach eingefädelt werden. Die spitzen Nadeln hinterlassen kleine Einstichlöcher auf den Textilien, während die abgerundeten das Kleidungsstück nicht beschädigen, aber auch nicht durch alle Stoffe kommen. Für feste Stoffe sollte immer eine spitze Nadel verwendet werden, auf elastischen Stoffen kann man auch eine abgerundete Nadel verwenden.

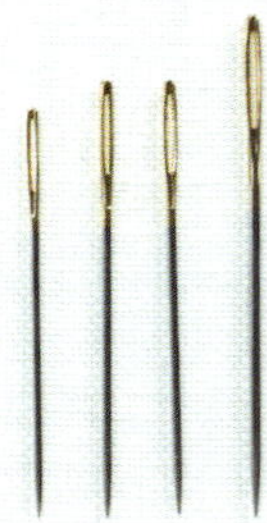

WOLLNADELN

Wollnadeln haben keine Spitze. Sie eignen sich für dicke und flauschige Wolle. Damit sie leicht eingefädelt werden können, haben Wollnadeln ein großes Öhr. Diese stumpfe Nadel gleitet durch gestrickte Textilien, ohne sie zu beschädigen.

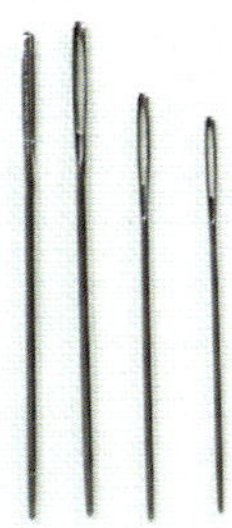

GROSSE WOLLNADELN

Diese Wollnadeln bestehen aus Aluminium und haben ein großes Kunststoff-Öhr, durch das auch sehr dicke Wolle ganz einfach eingefädelt werden kann.

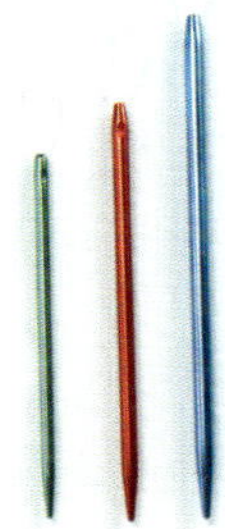

SASHIKO-NADELN

Diese Nadeln sind sehr viel länger als gewöhnliche Nadeln und für die Sashiko-Stickerei absolut notwendig. Die Sashiko-Nadel sollte ca. 7 cm lang sein.

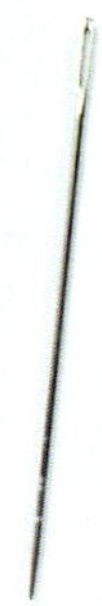

STECKNADELN

Werden zum vorübergehenden Fixieren von Flicken oder Stofflagen genutzt. Es gibt Stecknadeln mit oder ohne Kopf – beide kann man sehr gut verwenden.

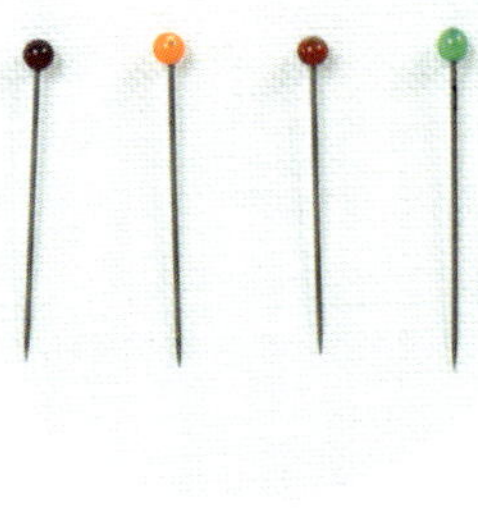

Scheren

STOFFSCHERE

Eine größere Stoffschere kann man für Stoff immer gebrauchen, ich verwende sie u. a. zum Zuschneiden der Flicken.

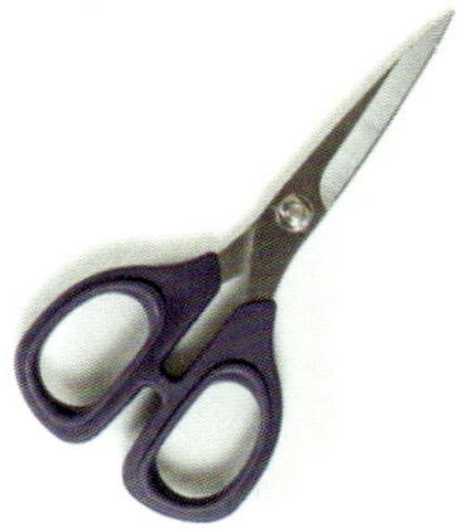

STICKSCHEREN

Es gibt unterschiedliche Arten von Stickscheren, spitz und schmal sind sie alle. Beim Auftrennen von Nähten erleichtern gebogene Scheren die Arbeit. Man benötigt fast für alle Projekte eine kleine spitze Schere.

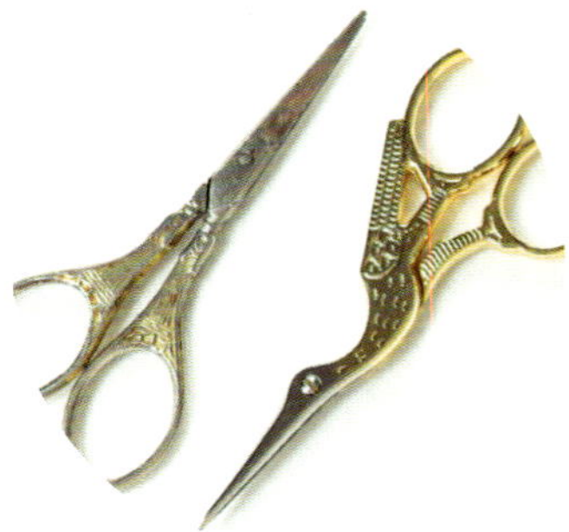

FADENSCHERE

Kann man statt einer Stickschere benutzen. Liegt sehr gut in der Hand und ist bei guter Qualität ziemlich scharf und spitz.

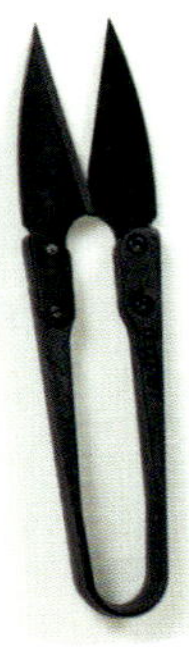

Fixiermittel

STOPFPILZ ODER STOPFEI

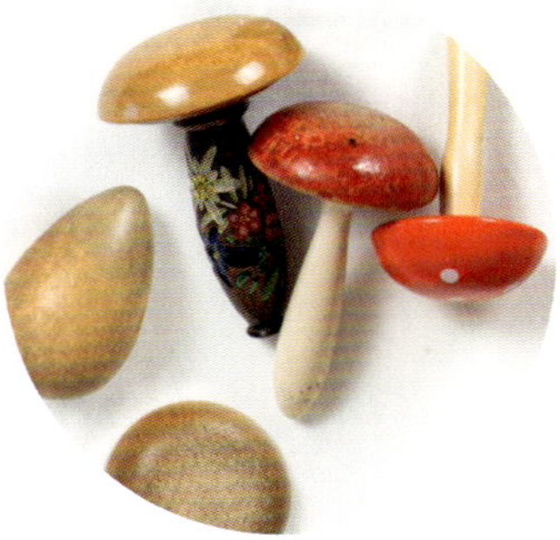

Ein Stopfpilz oder ein Stopfei werden meist zum Stopfen gestrickter Kleidungsstücke verwendet. Mit dem Griff eines Stopfpilzes kommt man auch in kleine Bereiche, wie z. B. in die Finger von Handschuhen, das Stopfei legt sich perfekt in die Ferse von Wollsocken. Beide Stopfutensilien sind rund gearbeitet und werden unter die kaputte Stelle gelegt. Am besten fixiert man sie noch mit einem Gummiband am Kleidungsstück.

STICKRAHMEN

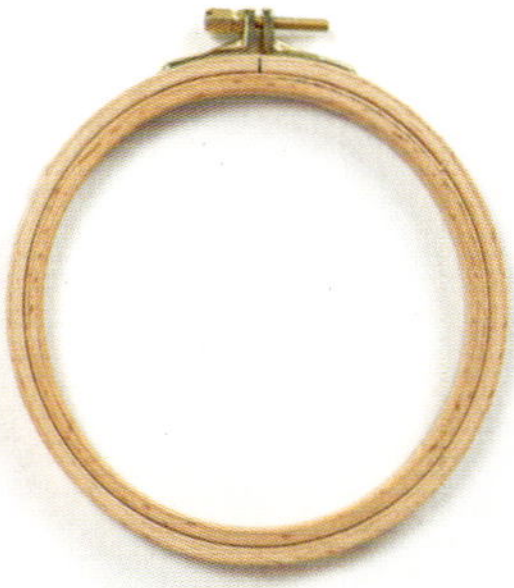

Stickrahmen gibt es in vielen unterschiedlichen Größen. Für Reparaturen und auch für die Herstellung von Patches reicht ein kleiner Rahmen mit 10–15 cm Durchmesser. Hochwertige Rahmen sind aus Buchenholz gearbeitet.

Gewebter oder gestrickter Stoff?

Unsere Textilien sind entweder gewebt oder gestrickt. Der Unterschied dieser beiden Stoffarten besteht in ihrer Herstellung. Um die geeignete Reparaturtechnik anwenden zu können, muss man vorab unterscheiden, um welchen der beiden Stoffe es sich handelt.

GEWEBTE STOFFE

Gewebte Stoffe werden mit industriellen Webmaschinen entweder leinwandbindig (z. B. schwere Stoffe wie Leinen) oder mit abwechselnden Kett- und Schussfäden oder als sogenannter Köper mit einem schrägen Webbild (z. B. bei Jeans) hergestellt. Gewebte Stoffe sind meist nicht elastisch, und auf ihnen kann entsprechend anders gearbeitet werden als auf den gestrickten Stoffen.

GESTRICKTE STOFFE

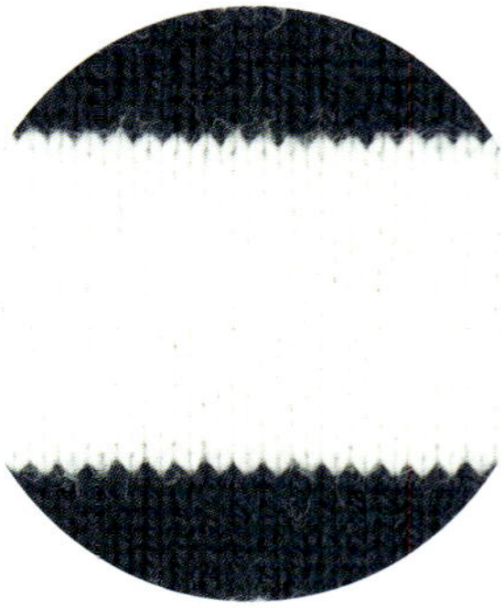

Der gestrickte Stoff wird mit Nadeln hergestellt, mit deren Hilfe ineinandergreifende Schlaufen, die Maschen aus Garn, gebildet werden. Gestrickte Stoffe sind dehnbarer als gewebte. Auf Strickwaren muss sehr viel elastischer geflickt werden, damit sich die Reparaturen gut ins Gesamtbild einfügen, bequem sind und letztlich auch halten.

Vor dem Start

STICKGARN TEILEN

Klassisches Stickgarn, sogenanntes Sticktwist, besteht aus 6 einzelnen Fäden, die beliebig geteilt werden können. Man zieht das Garn vorsichtig auseinander. Das Garn unbedingt langsam teilen, um es nicht zu verknoten.

FADEN VERKNOTEN, PROJEKT BEGINNEN

BEGINN: 2 MÖGLICHKEITEN

1. Du machst ein einfaches Knötchen am Ende des Fadens und achtest darauf, dass hinter dem Knoten nicht viel Faden übrig ist, damit die Rückseite sauber bleibt. Ich nutze fast ausschließlich kleine Knötchen, außer ich schreibe dazu, dass kein Knoten gemacht wird.

2. Beim ersten Stich ziehst du den Faden nicht ganz durch und lässt einen Fadenrest hängen. Den Anfang umschlingt man mit ein paar Stichen und fixiert so den Faden vorm Reparieren.

PROJEKT BEENDEN

Wenn nicht anders erklärt, fixierst du alle Projekte, indem du das letzte Stückchen Faden mehrfach mit dem Garn umschlingst und den Faden danach abschneidest.

STOFF IN EINEN STICKRAHMEN EINSPANNEN

Stickring auf den Tisch und darüber den Stoff legen. Den oberen Ring mit der Verstellschraube darüberlegen und die Teile ineinanderdrücken. Verschlussschraube zudrehen. Den Stoff rundherum leicht festziehen, ggf. die Schraube nachjustieren.

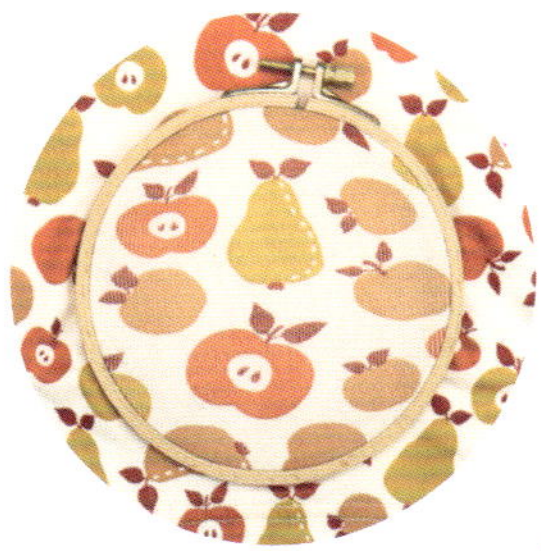

FALSCH

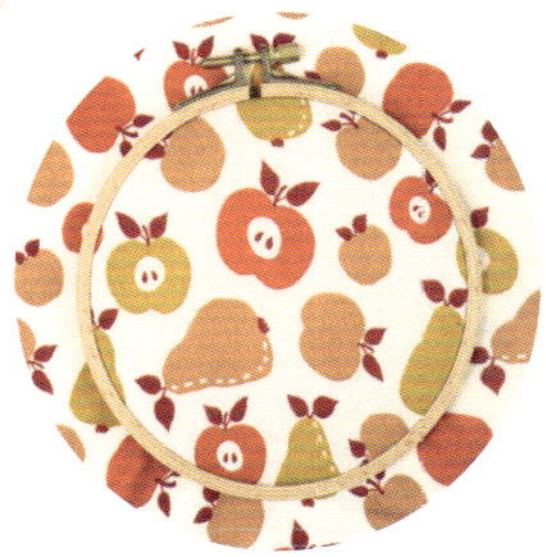

RICHTIG

Wichtig! Wie fest man den Stoff einspannen und festziehen kann, hängt von der Elastizität ab. Ein fester Stoff, wie Jeans, kann mit viel Spannung in den Rahmen gespannt werden, ein weicheres Shirt muss vorsichtiger behandelt werden. Darauf achten, dass die kaputte Stelle nicht größer wird, als sie schon ist, und die Fasern nicht so gedehnt werden.

Stifte

MARKIER- & LÖSCHSTIFT – WASSERLÖSLICH

Dieser wasserlösliche Markierstift hat eine Fasermine mit türkisfarbener Tinte, die ganz einfach mit dem Wasser aus der Löschmine wieder vom Stoff entfernt werden kann.

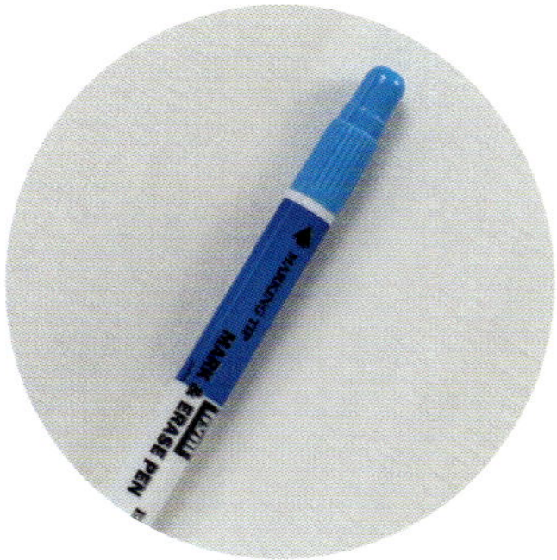

STOFFSTIFT SELBSTLÖSCHEND

Der violette Faserschreiber löscht sich nach einiger Zeit von selbst und ist wasserlöslich.

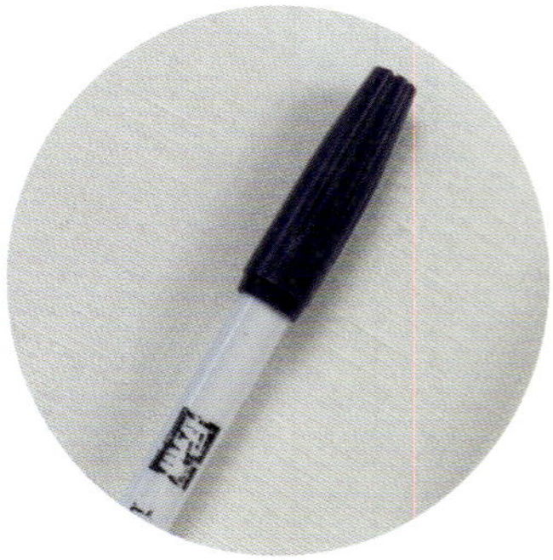

BÜGELMUSTERSTIFT – WASSERLÖSLICH

Die Stickvorlage wird mit diesem Stift zunächst spiegelverkehrt auf Transparentpapier übertragen und anschließend auf den Stoff gebügelt. Er lässt sich mit Wasser entfernen.

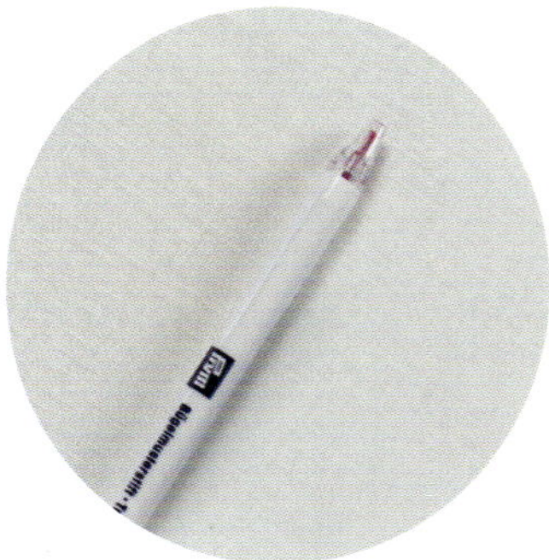

MARKIERSTIFT WEISS – WASSERLÖSLICH

Für dunkle Stoffe benötigt man einen weißen Markierstift. Mit diesem anspitzbaren Stift kann zuerst präzise gemalt und hinterher können die Markierungen mit Wasser entfernt werden.

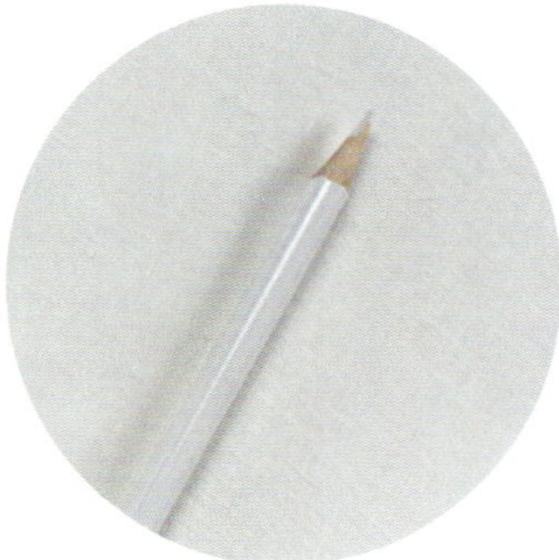

TRICKMARKER, WEISS – WASSERLÖSLICH

Dieser Stift ist ein weißer Faserschreiber. Mit ihm lassen sich problemlos weiße Linien auf dunkle Stoffe zeichnen. Durch das Betupfen mit einem feuchten Tuch werden die Markierungen wieder vom Stoff entfernt.

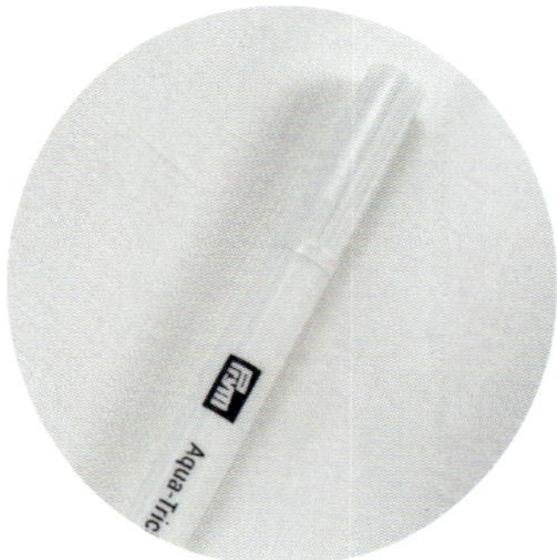

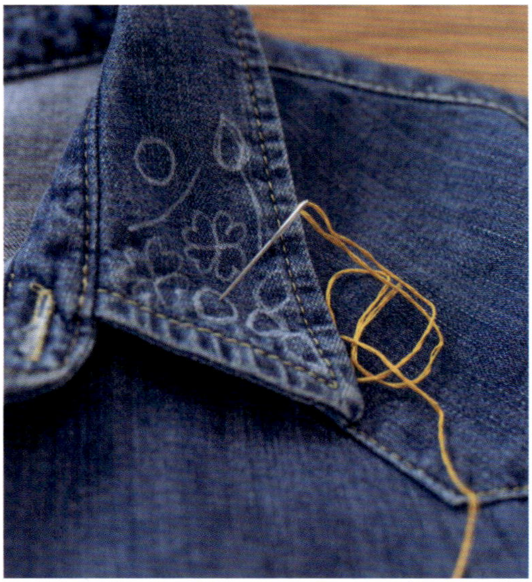

Tipp

Alle Markierhilfen immer an einem Stück Stoff vorab ausprobieren und der Packungsanweisung folgen.

Kleine Helfer

STICKVLIES, AUSWASCHBAR

Das Motiv wird auf Stickvlies gezeichnet und auf dem Kleidungsstück mit einem Stickrahmen befestigt. Es wird über das Vlies gestickt und nach dem Sticken ausgewaschen.

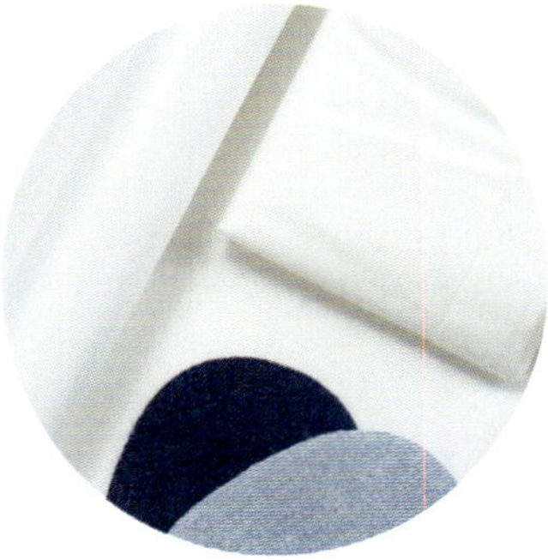

BÜGELVLIES

Nicht zu verwechseln mit dem Stickvlies. Mit Bügelvlies kann man z. B. die Reparatur auf der Rückseite verschließen und Stoffe stabilisieren. Bügelvlies hat eine mit Kleber beschichtete Seite, die man aufbügeln muss, der Untergrund muss also bügelfest sein. Es gibt sie in verschiedenen Stärken, je nachdem, für welchen Stoff man sie verwenden möchte.

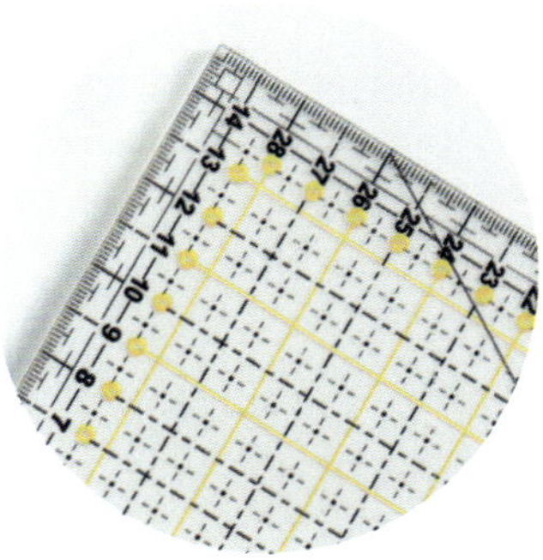

PATCHWORKLINEAL

Praktisch zum Aufmalen von Sashiko-Mustern. Durch die unterschiedlichen Abstände kann hier viel präziser und schneller aufgemalt werden als mit einem normalen Lineal.

EINFÄDELHILFE

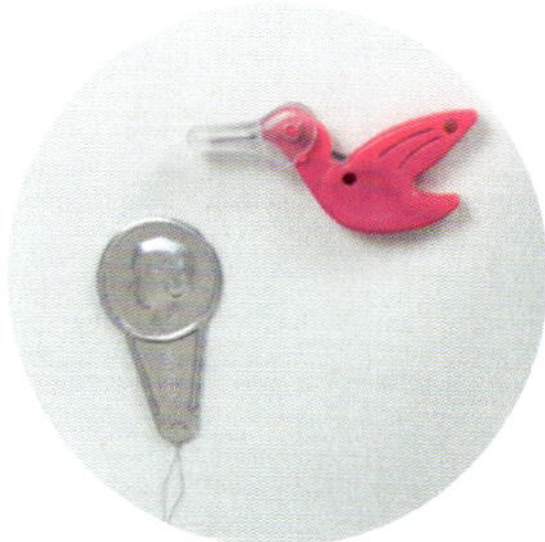

Erleichtert das Einfädeln des Garns in eine kleine Öse. Das Garn wird durch die Drahtschlinge gezogen und kann dann leichter in die kleinere Öse der Nadel eingefädelt werden.

TEXTILKLEBER FLÜSSIG/ TEXTILKLEBESTIFT AUSWASCHBAR

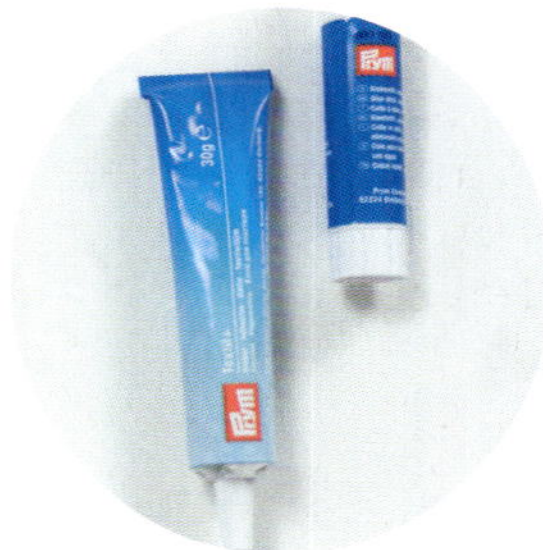

Kann zum Fixieren von Flicken verwendet werden. Sinnvoll ist ein Kleber, der nach dem Auftragen durchsichtig wird. Der Klebestift kann zum Fixieren mehrerer Stofflagen bis zur nächsten Wäsche genutzt werden.

LEDERGREIFER/FINGERHUT

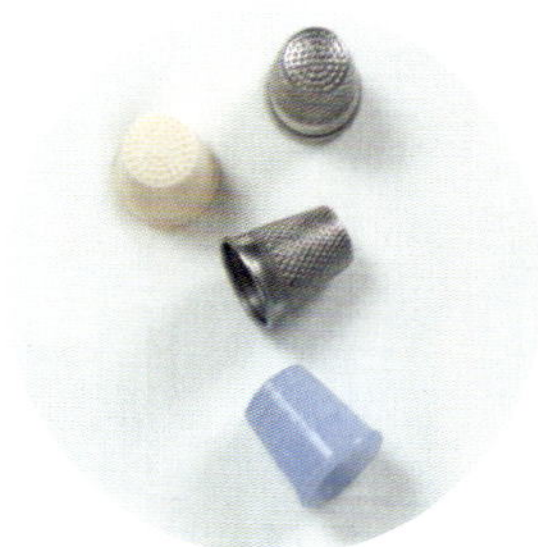

Mit einem Ledergreifer bekommt man die Nadel auch durch schwerere Stoffe hindurch, ohne dass einem die Finger weh tun – das kann auch ein Fingerhut. Beim Filzen schützt dieser gut vor der spitzen Filznadel.

BÜGELEISEN

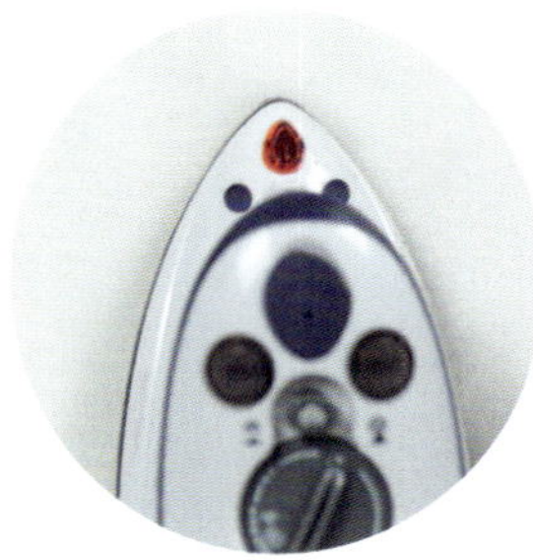

Unabdingbar, um das Kleidungsstück vorab faltenfrei zu bekommen, Patches oder Bügelvlies zu fixieren, das Kleidungsstück abzudämpfen und vieles mehr. Sollte man beim Reparieren immer in Griffnähe haben.

Stickstiche

RÜCKSTICH

Mit diesem Stich kann man Teile von Hand sehr ordentlich zusammennähen. Man kann ihn gut zum Sticken von Linien verwenden. Dabei wird bei A aus-, daneben bei B ein- und bei C wieder ausgestochen.

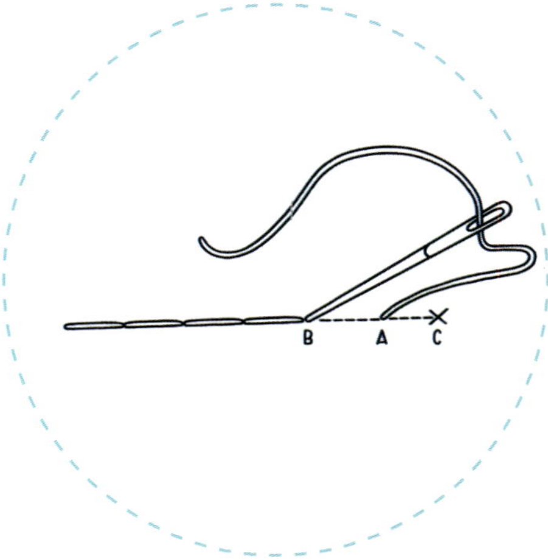

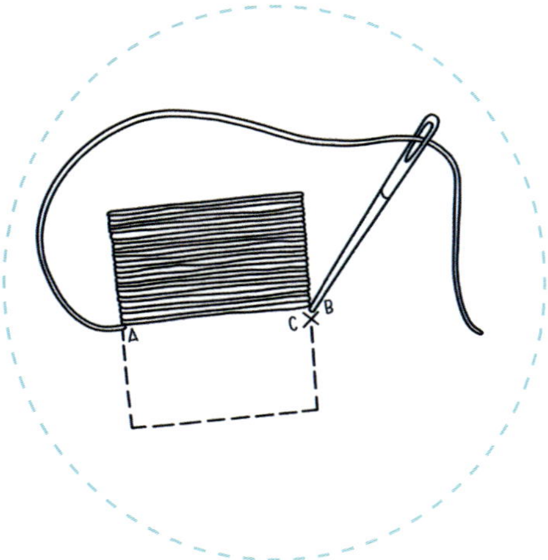

PLATTSTICH

Dieser Stich wird zum Füllen von Flächen verwendet. Bei A aus-, parallel daneben bei B ein- und nur minimal darunter bei C wieder ausstechen. Je dichter die Stiche beieinanderliegen, umso gleichmäßiger wird das Stickbild.

LANGETTENSTICH

Dieser Stich kann zum Einfassen offener Kanten oder als dekorativer Stich an Außenkanten gestickt werden. Bei A ein- und bei B wieder ausstechen und den Faden um die Nadel führen und durchziehen.

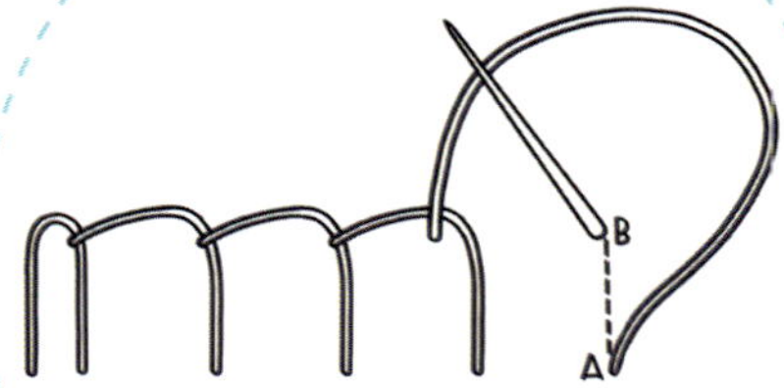

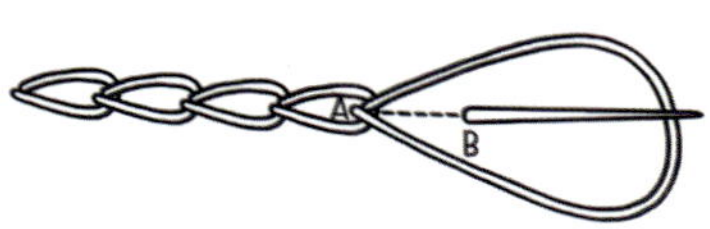

KETTENSTICH

Dieser Stich sieht wie eine aufgenähte Gliederkette aus. Bei A ausstechen, eine kleine Schlinge legen und bei A auch wieder einstechen. Dann die Nadel bei B ausstechen, dabei die Nadel durch die Schlinge führen.

MARGERITENSTICH

Diesen Stich wie einen Kettenstich sticken – jedoch um ein Zentrum herum. Die Schlinge am Ende in der gewünschten Länge mit einem kurzen Stich von A nach B fixieren.

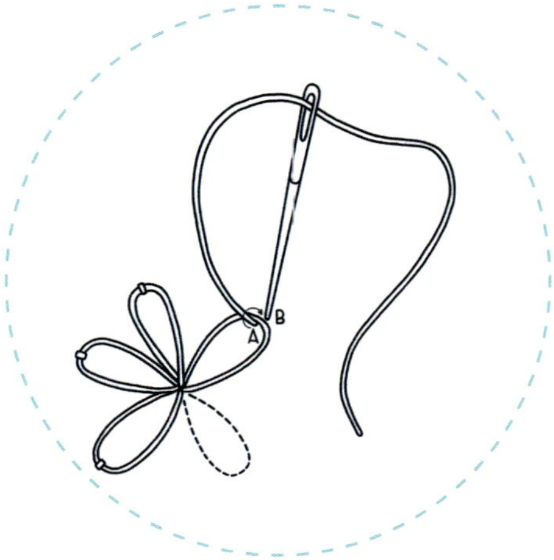

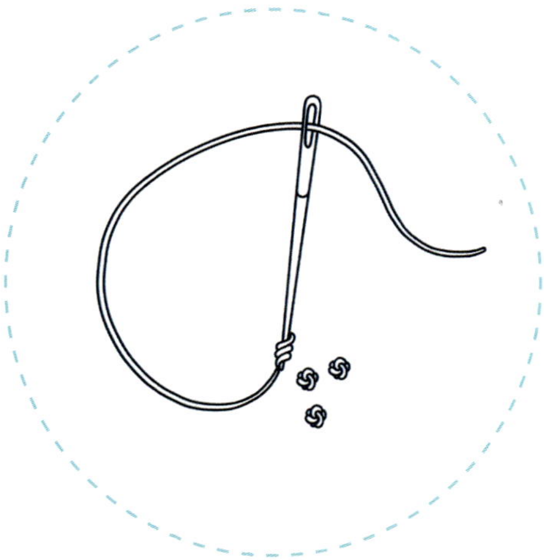

KNÖTCHENSTICH

Die Nadel von hinten durch den Stoff führen und den Faden mit der rechten Hand ein, zwei oder drei Mal eng um die Nadel schlingen. Die Nadel mit gestrafftem Faden an derselben Stelle wieder durch den Stoff nach hinten stechen. Den Faden durchziehen und dabei die Schlingen mit herunterrutschen lassen.

GRÄTENSTICH

Dieser Stich eignet sich hervorragend für das Sticken von Blättern. Die Stiche werden ganz leicht in der Mitte überkreuzt, dabei wird bei A aus-, darunter bei B ein- und oberhalb bei C wieder ausgestochen.

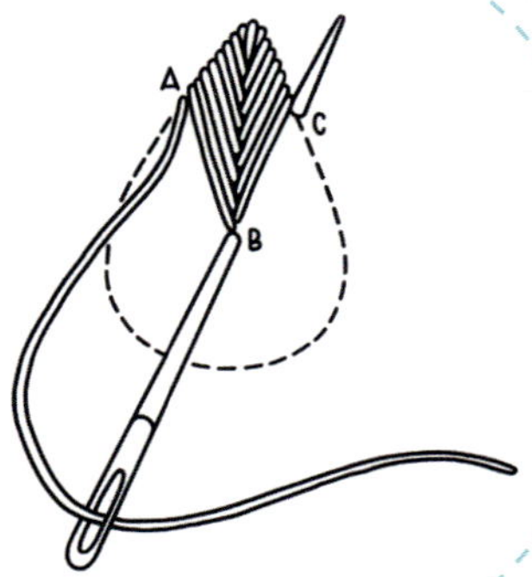

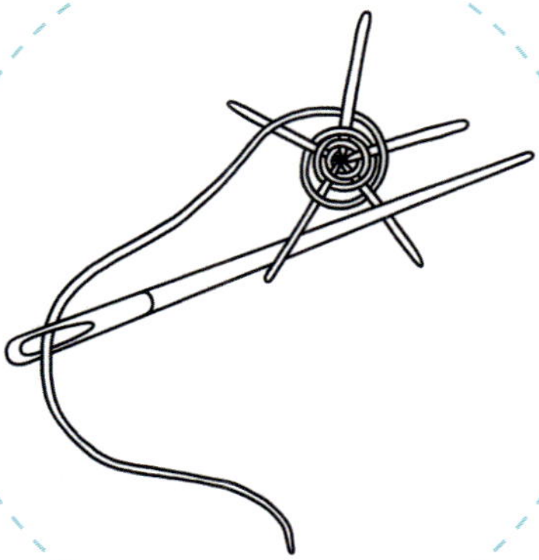

WEBROSE

Für eine Webrose wird zuerst ein Stern mit einer ungeraden Anzahl Strahlen aufgestickt. Im Anschluss wird über und unter die Strahlen gewebt, dazu die Nadel im Wechsel über und unter den Strahlen durchführen. Am Ende sind die Strahlen nicht mehr zu sehen.

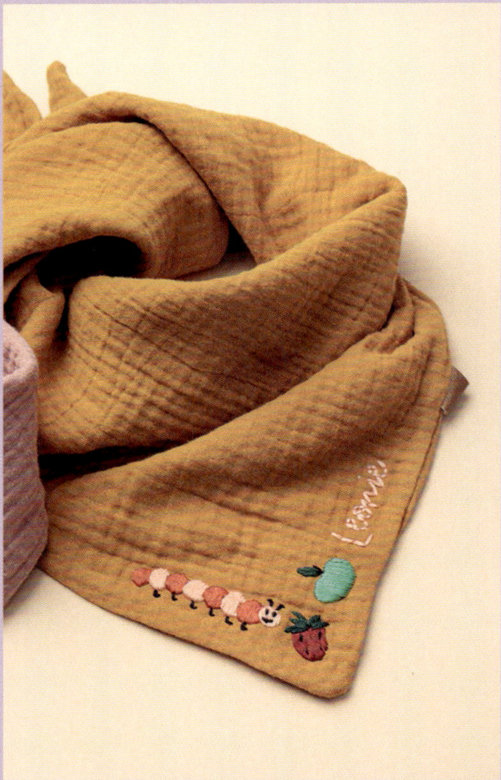

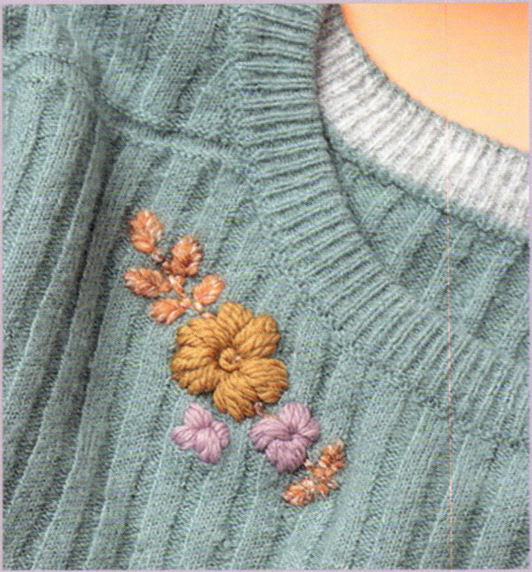

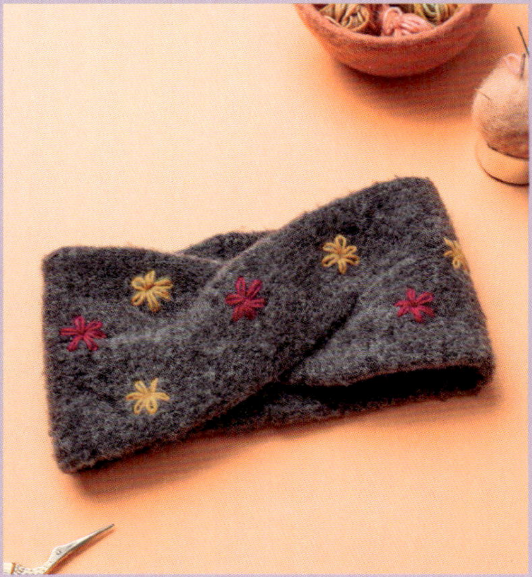

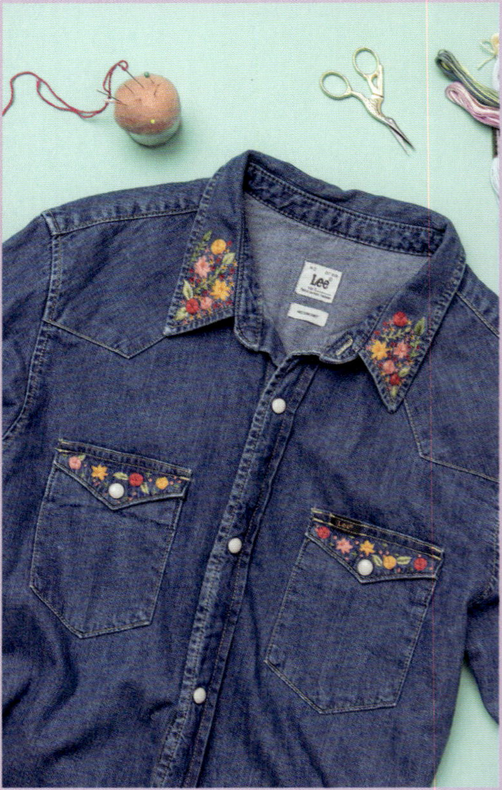
Lee

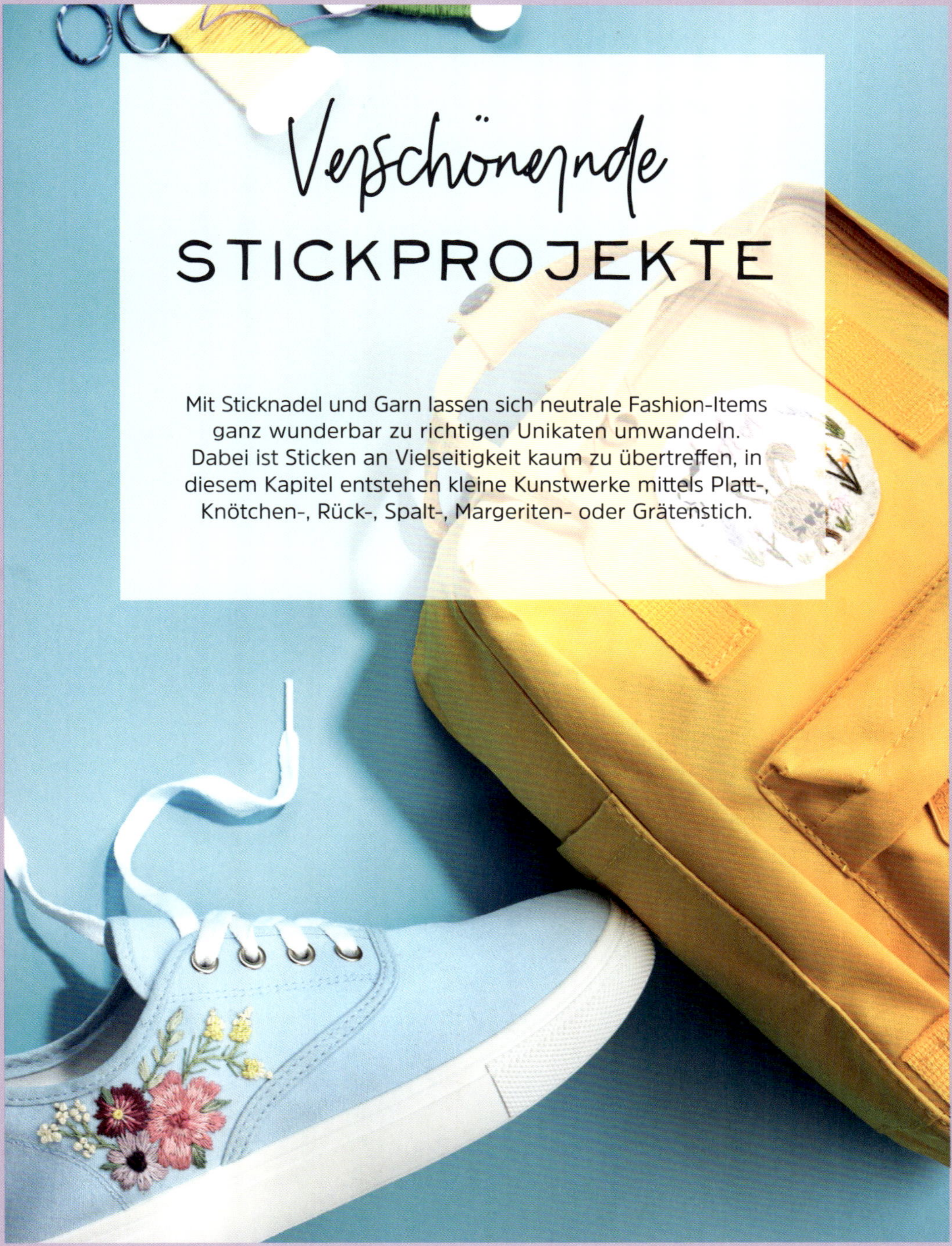

Verschönernde STICKPROJEKTE

Mit Sticknadel und Garn lassen sich neutrale Fashion-Items ganz wunderbar zu richtigen Unikaten umwandeln. Dabei ist Sticken an Vielseitigkeit kaum zu übertreffen, in diesem Kapitel entstehen kleine Kunstwerke mittels Platt-, Knötchen-, Rück-, Spalt-, Margeriten- oder Grätenstich.

Sneaker besticken

VERSCHÖNERNDES STICKPROJEKT

Vorlage

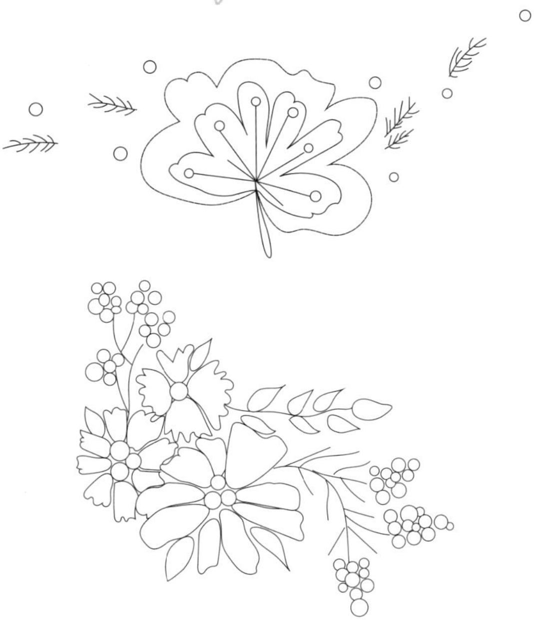

VERWENDETE STICHARTEN

- Plattstich (siehe Seite 22)
- Rückstich (siehe Seite 22)
- Knötchenstich (siehe Seite 24)

Material

- Stoffsneaker
- Stickgarn (3 oder 2 Fäden)
- Sticknadel spitz
- löschbarer Stift (Pilot Frixion)
- auswaschbares Stickvlies
- kleine spitze Schere

VERWENDETE FARBEN STICKGARN (RICO DESIGN)

- Weiß (001)
- Hellgelb (004)
- Gelb (006)
- Hellrosa (064)
- Flieder (101)
- Helllila(106)
- Lavendel (107)
- Hellgrün (189)
- Mittelgrün (205)
- Olive (214)
- Hellbraun (231)
- Schwarz (296)

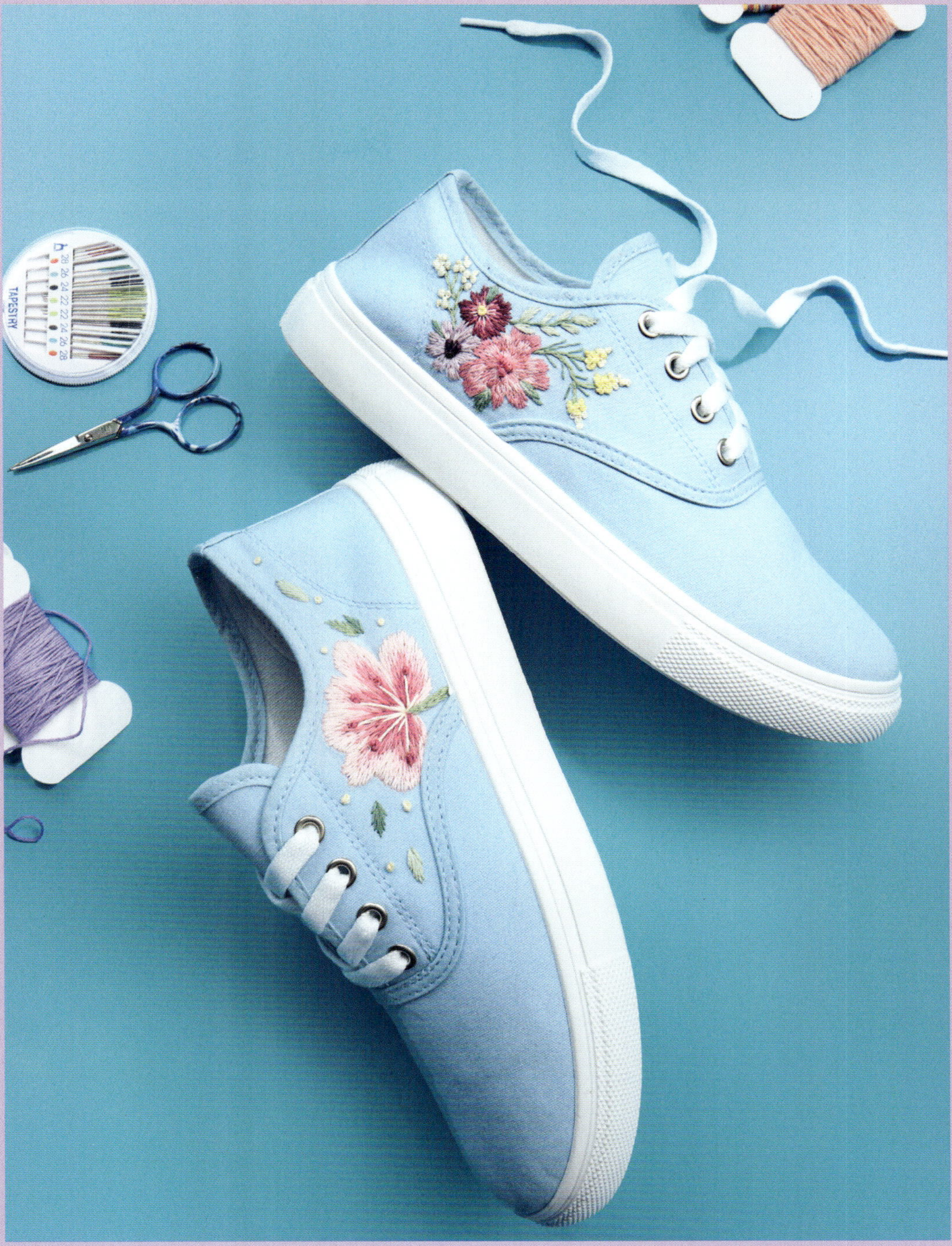
TAPESTRY

So wird's gemacht

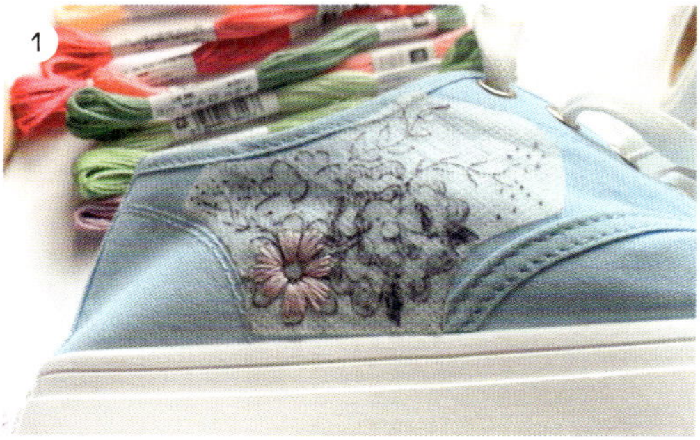

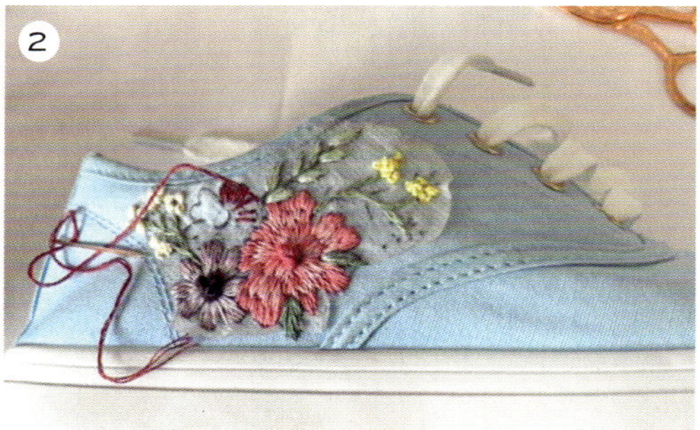

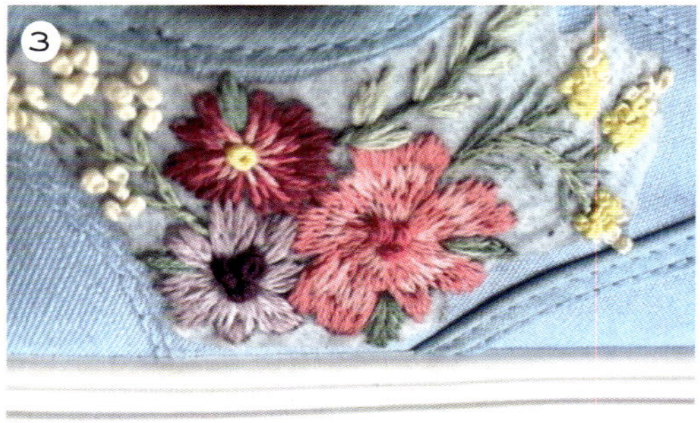

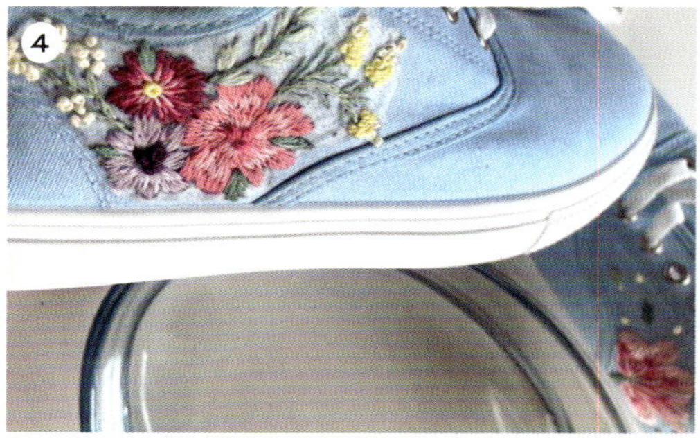

1 Das Motiv mit dem löschbaren Stift auf das auswaschbare Stickvlies übertragen. Das Vlies ist selbstklebend und lässt sich wunderbar auf den Schuhen anbringen.

2 Beginne, die großen Blütenblätter im Plattstich zu füllen.

3 Um einen sauberen Farbverlauf zu erhalten, habe ich das Motiv mit zwei Fäden im Plattstich gestickt. Die Stängel der Blätter im Rückstich sticken. Auf die Blüten habe ich kleine erhabene Pünktchen im Knötchenstich gesetzt.

4 Das Stickvlies vorsichtig um die Stickerei herum abschneiden und das restliche Vlies mit lauwarmem Wasser gründlich auswaschen. Um alle Tintenreste zu entfernen, einfach über den Schuh föhnen und die Tinte verschwindet wie von Zauberhand.

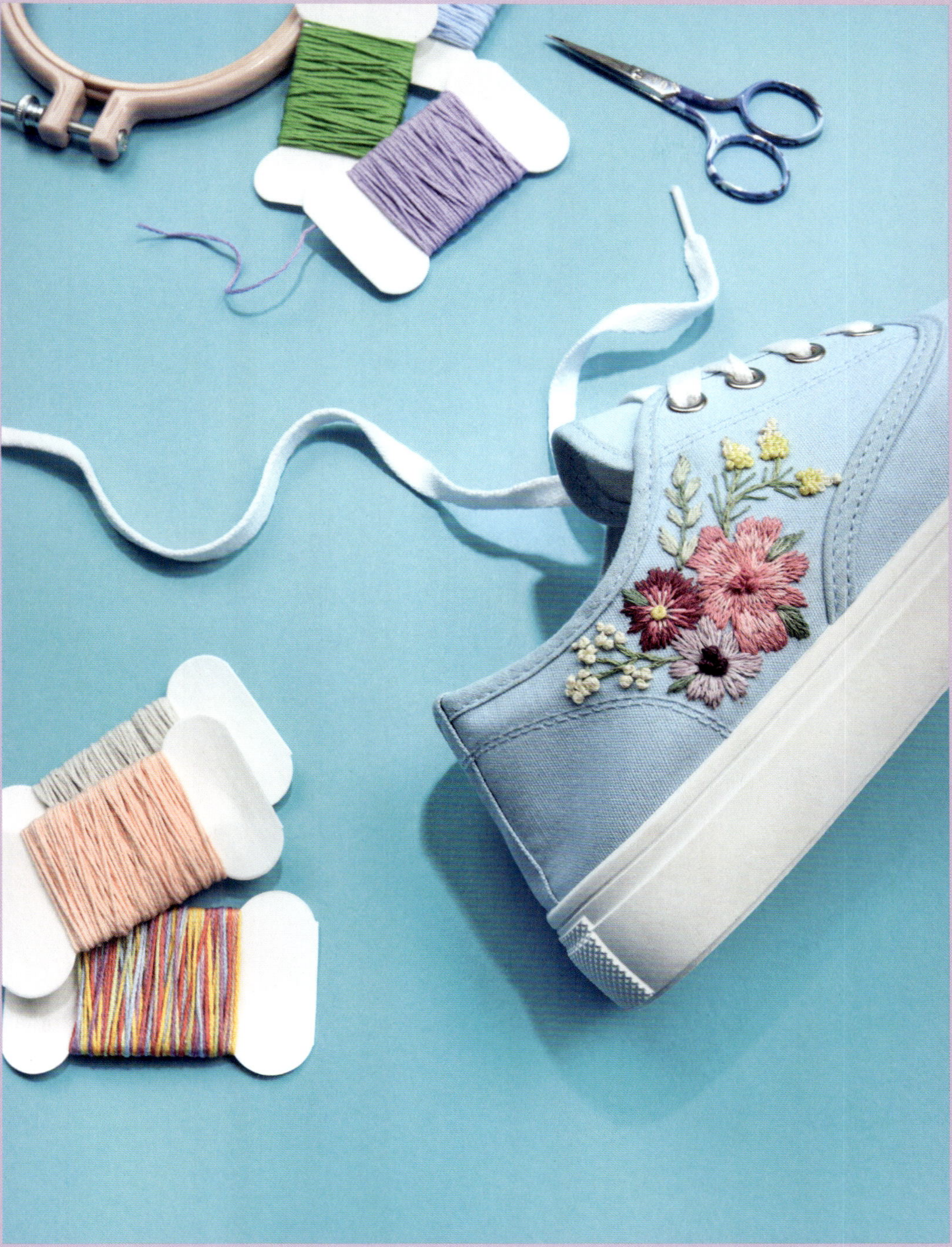

Rucksack besticken

VERSCHÖNERNDES STICKPROJEKT

Vorlage

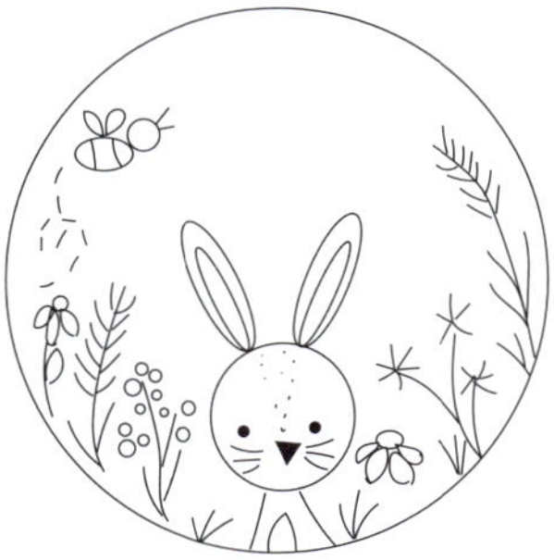

Material

- Kindergartenrucksack
- Filz, 2 mm dick
- Stickgarn (3 oder 2 Fäden)
- Sticknadel spitz
- löschbarer Stift (Pilot Frixion)
- auswaschbares Stickvlies
- kleine spitze Schere

VERWENDETE FARBEN STICKGARN (RICO DESIGN)

- Weiß (001)
- Hellgelb (004)
- Zitronengelb (005)
- Hellrosa (064)
- Rosa (066)
- Dunkelrosa (072)
- Hellflieder (099)
- Flieder (107)
- Lila (087)
- Beerenrot (088)
- Hellgrün (189)
- Salbei (199)
- Mittelgrün (200)

VERWENDETE STICHARTEN

- Plattstich (siehe Seite 22)
- Rückstich (siehe Seite 22)
- Knötchenstich (siehe Seite 24)

So wird's gemacht

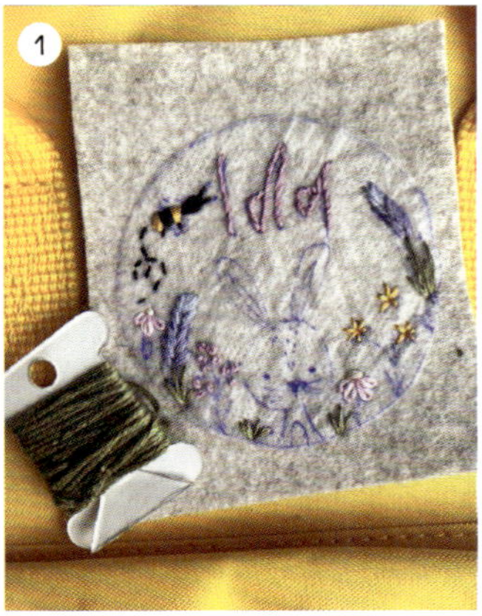

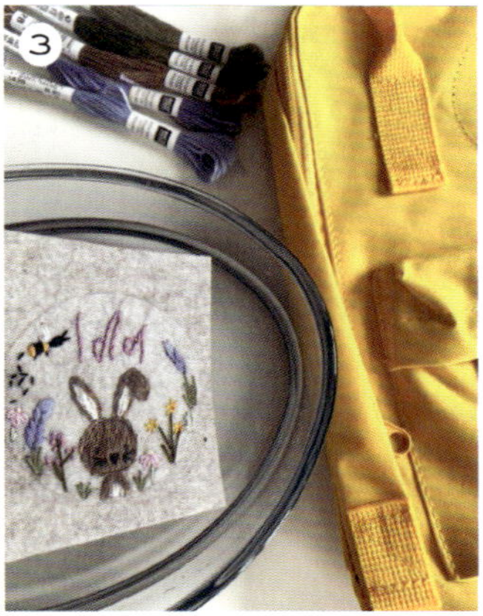

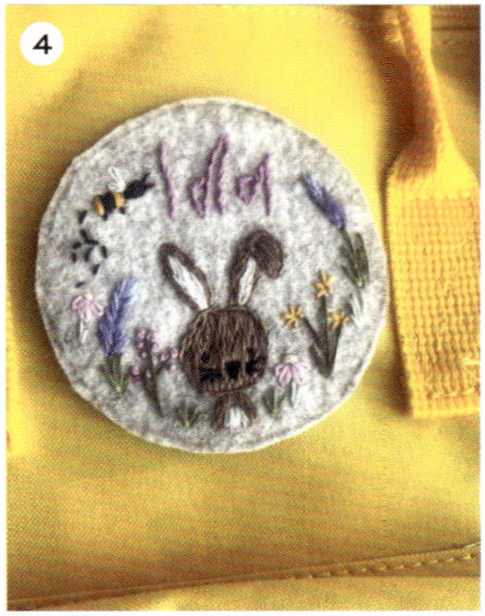

1 Das Motiv mit dem löschbaren Stift auf das auswaschbare Stickvlies übertragen. Das Vlies ist selbstklebend und lässt sich wunderbar auf dem Filz anbringen.

2 Alle Linien im Rückstich aufsticken. Flächen mit dem Plattstich aussticken und Akzente mit dem Knötchenstich setzen.

3 Das Stickvlies vorsichtig mit lauwarmem Wasser auswaschen. Um alle Tintenreste zu entfernen, einfach über den Filz föhnen und die Tinte verschwindet.

4 Nachdem der Filz getrocknet ist, kann er in die richtige Form geschnitten und auf den Rucksack genäht werden.

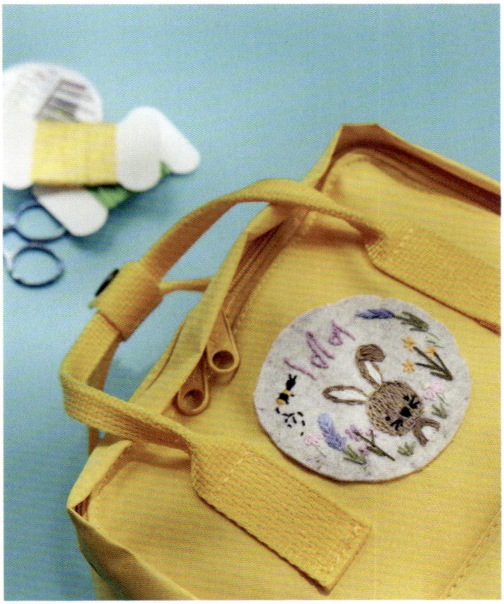

Musselintücher besticken

VERSCHÖNERNDES STICKPROJEKT

VERWENDETE FARBEN STICKGARN (ALLES ANCHOR-GARNE)

RAUPE
- Rostrot (5975)
- Hellorange (9575)
- Schwarz (403)

ERDBEERE
- Rot (43)
- Dunkelgrün (879)
- Schwarz (403)

APFEL
- Sattes Grün (205)
- Dunkelgrün (879)
- Schwarz (403)

PROJEKT 2 BLUMENSTRAUSS
- Dunkle Beere (70)
- Blau (146)
- Hellgrün (875)
- Dunkles Altrosa (972)
- Hellrosa (1021)
- Petrol (1066)

VERWENDETE STICHARTEN

- Plattstich (siehe Seite 22)
- Rückstich (siehe Seite 22)
- Knötchenstich (siehe Seite 24)

Material

- Stickgarn (3 Fäden)
- spitze Sticknadel
- Stoffstift
- kleiner Stickrahmen
- Stickvlies
- kleine spitze Schere

Vorlage

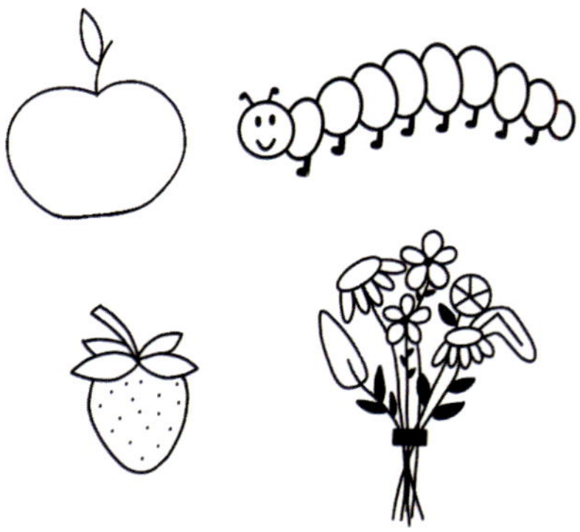

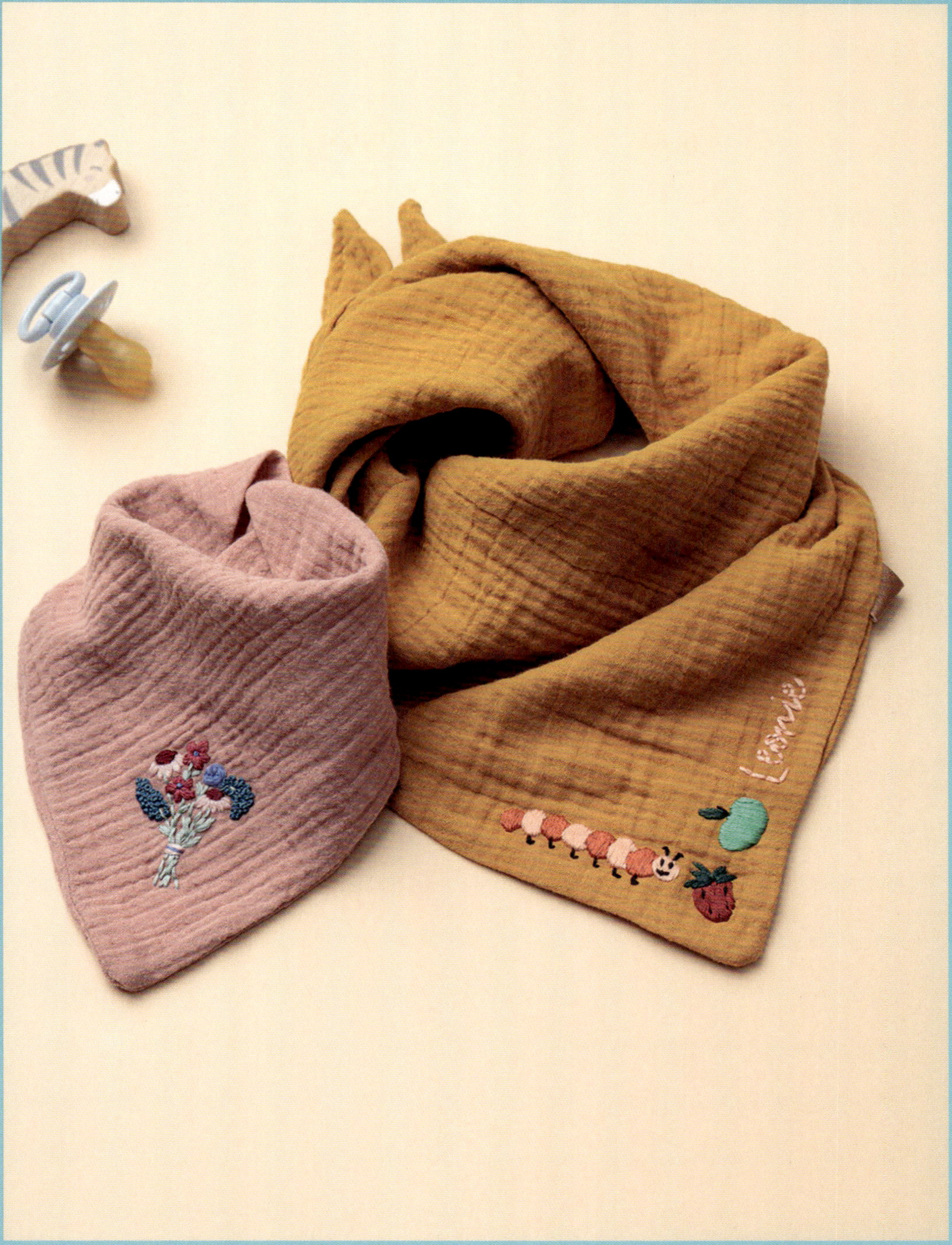

So wird's gemacht

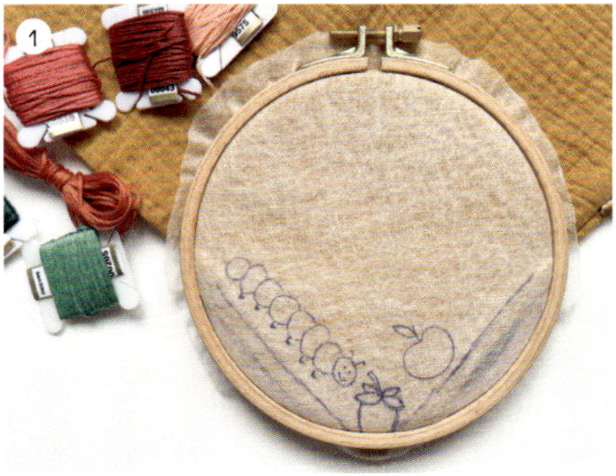

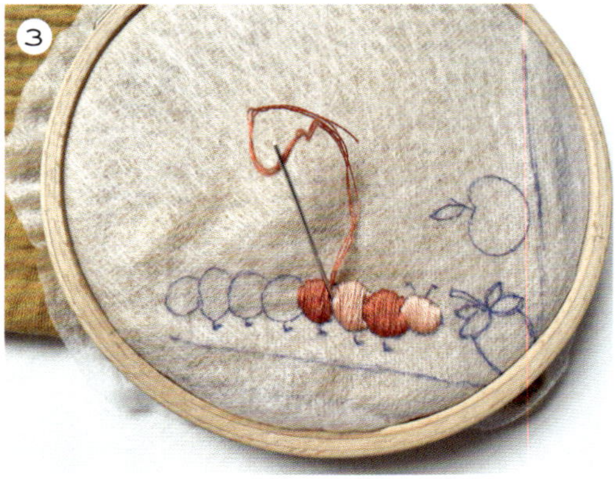

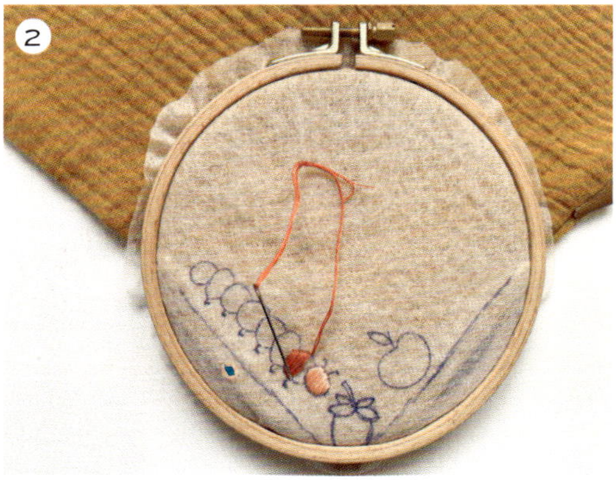

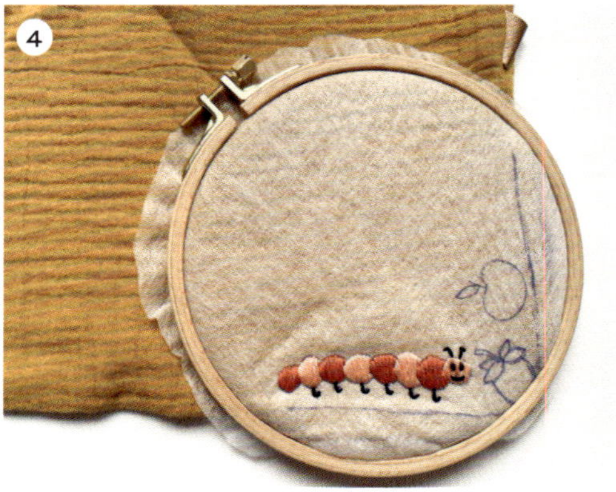

1 Das Motiv mit einem Stoffstift auf das Stickvlies übertragen. Vlies auf die Größe des Stickrahmens + 2 cm Rand zurechtschneiden und zusammen mit dem Musselintuch in den Stickrahmen einspannen.

2 Die Raupe im Plattstich von oben nach unten auf das Tuch sticken.

3 In den Zwischenräumen die Stiche kleiner sticken.

4 Als Letztes die Details (Beine und Gesicht) mit schwarzem Stickgarn aufsticken.

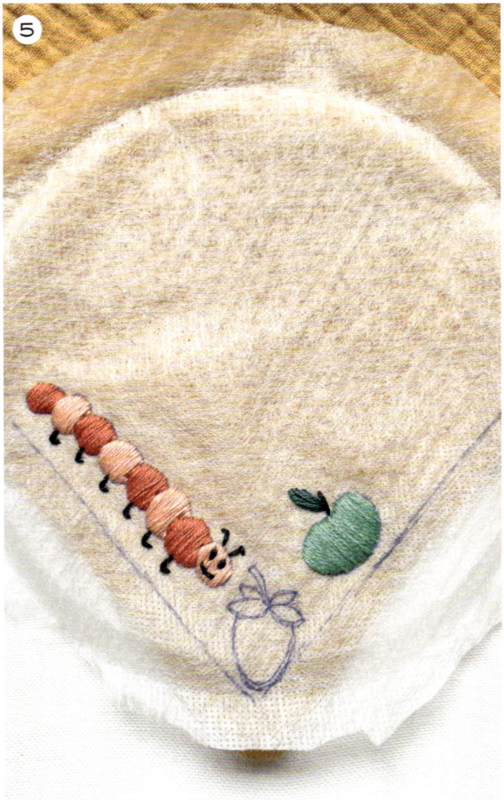

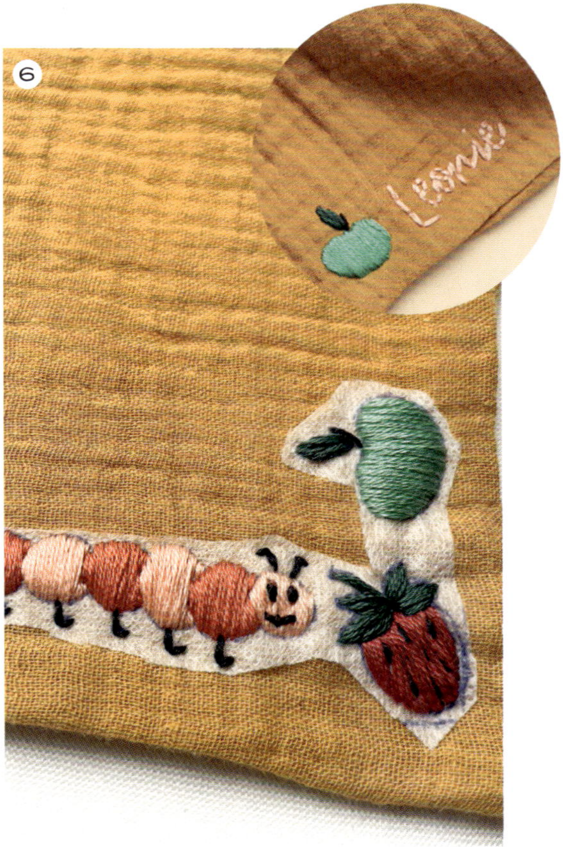

5 Da die Erdbeere genau in der Spitze des Tuchs sitzt, wird sie erstmal vom Stickrahmen überdeckt und erst zum Schluss, dann ohne Rahmen, gestickt.

6 Das Stickvlies vorsichtig um die Stickerei herum abschneiden und das restliche Vlies mit lauwarmem Wasser gründlich auswaschen.

Blumenstrauß

Von den Arbeitsschritten wie das andere Motiv arbeiten, nur die Blumenstrauß-Vorlage nutzen – ebenso im Plattstich, Rückstich und Knötchenstich sticken.

Wollpullover besticken

VERSCHÖNERNDES STICKPROJEKT

Vorlage

Material

- Wolle passend zum Pullover
- spitze Sticknadel mit großem Nadelöhr
- Stickvlies
- Stickrahmen
- kleine spitze Schere
- Stoffstift

VERWENDETE FARBEN
WOLLRESTE

- Ocker
- Flieder
- Lachs

VERWENDETE STICHARTEN

- Plattstich (siehe Seite 22)
- Grätenstich (siehe Seite 25)
- Rückstich (siehe Seite 22)
- Knötchenstich (siehe Seite 24)

So wird's gemacht

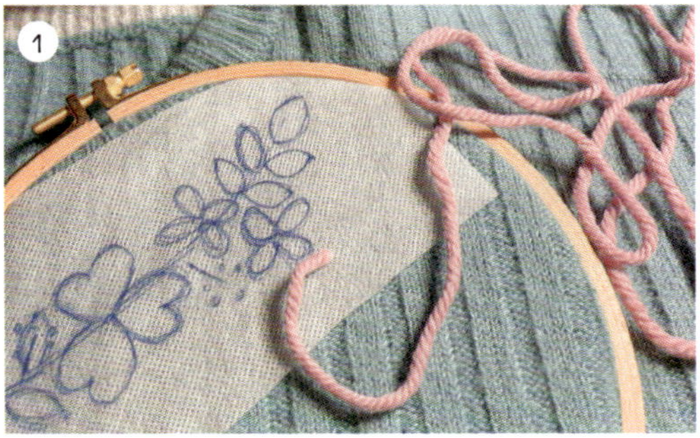

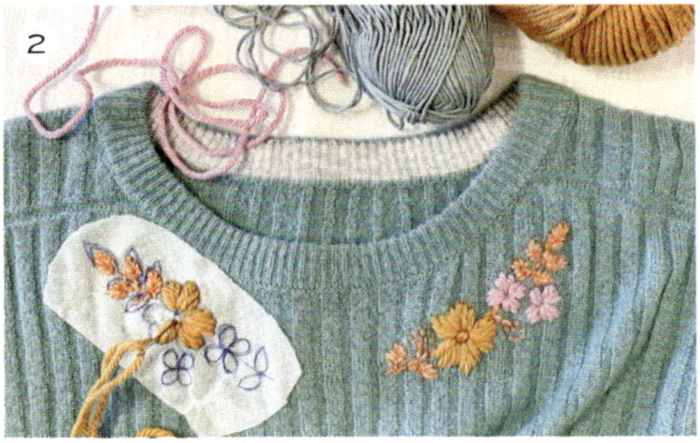

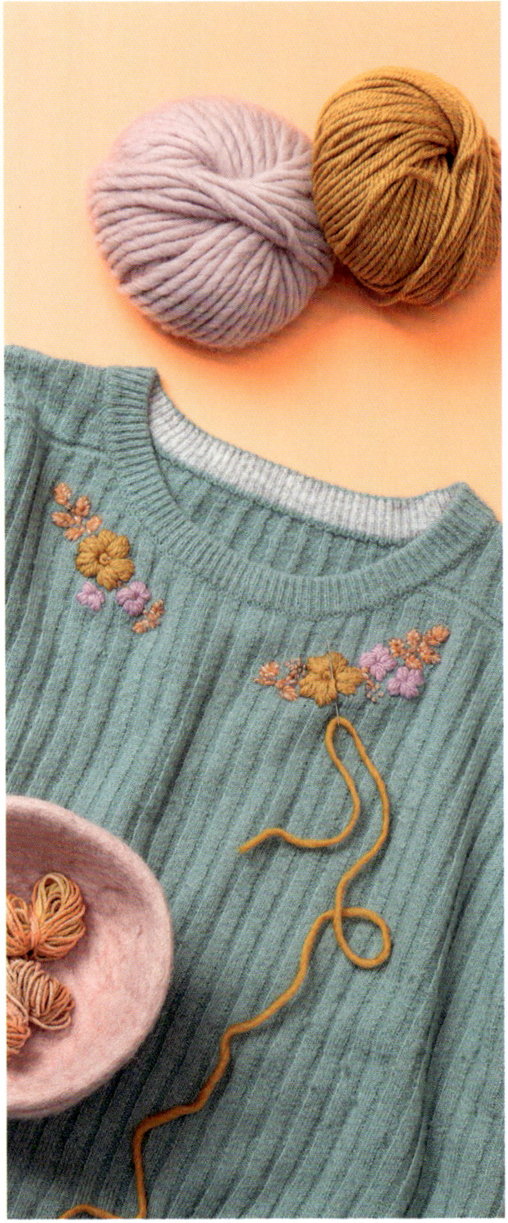

1 Das Motiv mit einem Stoffstift auf das Stickvlies übertragen und auf dem Pullover positionieren. Vorsichtig in den Stickrahmen einspannen, ohne die Wolle zu verziehen.

2 Wolle einfädeln und zunächst die Blütenblätter im Plattstich sticken. Danach die Blätter mit dem Grätenstich und die Stängel im Rückstich sticken. Zum Schluss kleine Knötchenstiche als Blütenstempel und Blumen sticken. Das Stickvlies rundherum, so nah wie möglich, an der Stickerei entlang abschneiden.

3 Das Stickvlies vorsichtig mit lauwarmem Wasser auswaschen. Den Wollpullover dann liegend trocknen.

Stirnband besticken

VERSCHÖNERNDES STICKPROJEKT

Vorlage

Material

- Wolle
- stumpfe Sticknadel / Wollnadel
- kleine spitze Schere

VERWENDETE FARBEN
WOLLRESTE

- Maisgelb
- Bordeauxrot

VERWENDETE STICHARTEN

- Margeritenstich (siehe Seite 24)

So wird's gemacht

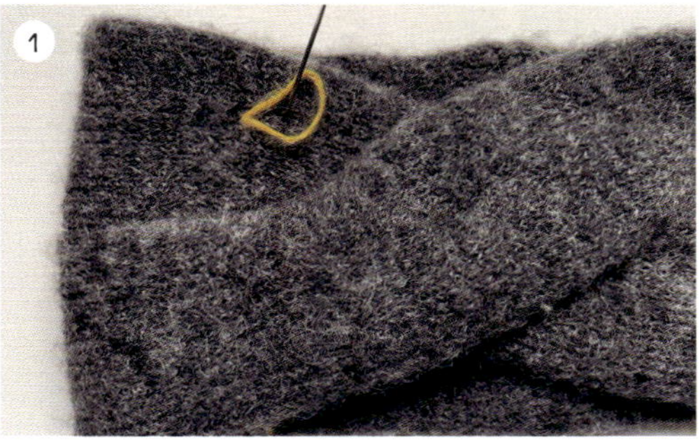

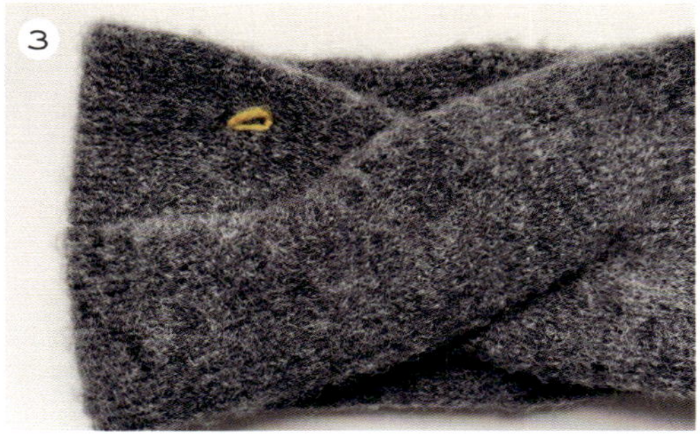

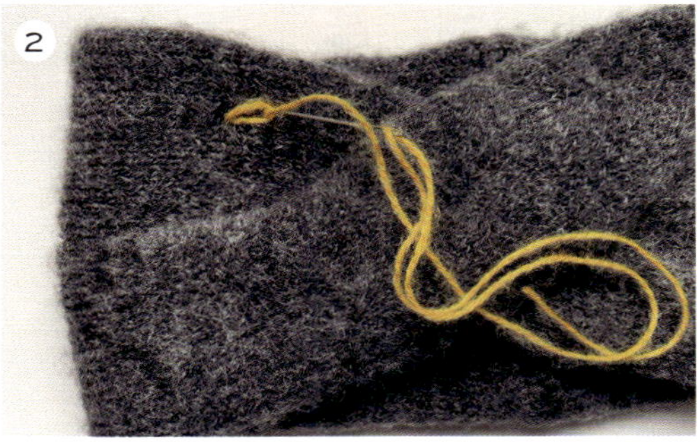

Die kleinen Blumen werden im Margeritenstich rundherum auf das Stirnband gestickt. Es wird bei diesem 10-Minuten-Projekt weder ein Vlies, noch ein Stickrahmen benötigt – sondern ohne aufmalen einfach drauflosgestickt.

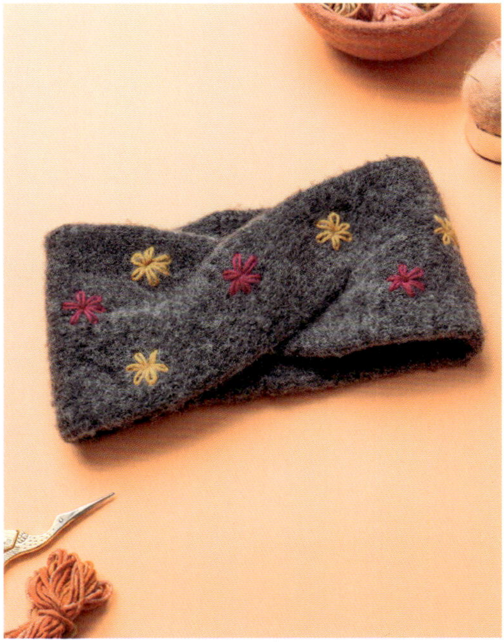

Stoffschuhe besticken

VERSCHÖNERNDES STICKPROJEKT

Vorlage

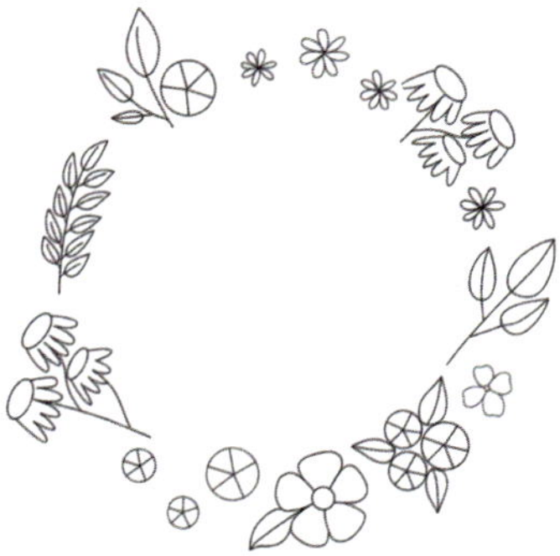

Material

- Stickgarn (3 Fäden)
- feine spitze Sticknadel oder Nähnadel
- Stoffstift
- kleine spitze Schere
- Fingerhut/Ledergreifer oder Gartenhandschuh

VERWENDETE FARBEN STICKGARN (ALLES ANCHOR-GARNE)

- Rostrot (5975)
- Orange (925)
- Rot (43)
- Dunkelgrün (879)
- Sattes Grün (205)
- Pink (57)
- Blau (146)
- Hellrosa (23)

VERWENDETE STICHARTEN

- Webrosen (siehe Seite 25)
- Plattstich (siehe Seite 22)
- Grätenstich (siehe Seite 25)
- Rückstich (siehe Seite 22)
- Margeritenstich (siehe Seite 24)
- Knötchenstich (siehe Seite 24)

So wird's gemacht

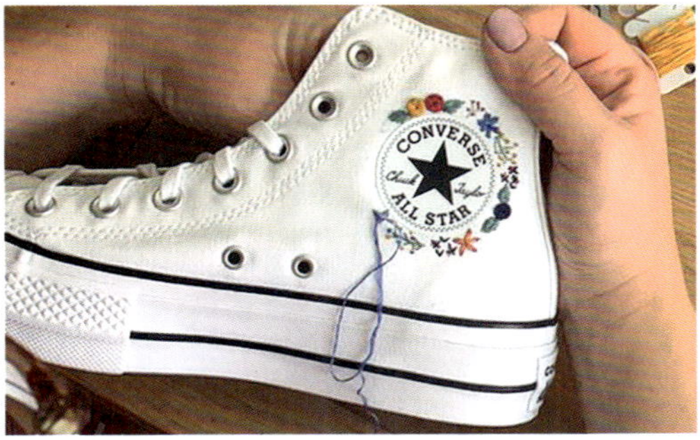

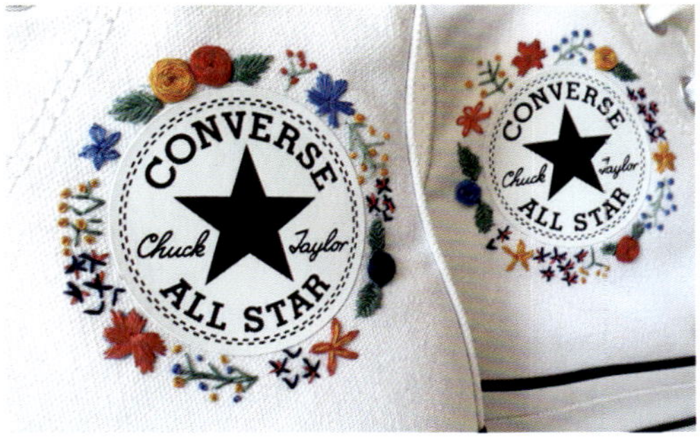

Das Motiv rund um das Logo freihändig aufmalen und die verschiedenen Blumen gleichmäßig verteilen. 4–5 unterschiedliche Blumen, die sich wiederholen, reichen vollkommen aus.

Die Blumen mithilfe der Erklärungen der einzelnen Stickstiche rundherum aufsticken. Am besten mit den Webrosen beginnen. Beim Verknoten darauf achten, dass die Knötchen innen nicht zu dick sind und kein überschüssiges Garn absteht. Wenn alle Blumen gestickt sind, kann der Stoffstift gemäß der Anleitung entfernt werden.

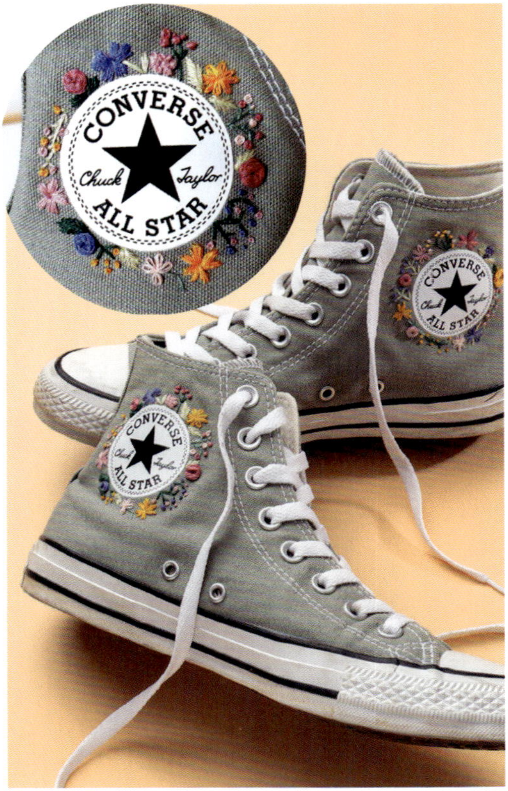

Hilfreiche Tipps

Für dieses Projekt sollte man sich ausreichend Zeit lassen, um den Fingern immer mal wieder eine Pause zu gönnen. Die Stoffschuhe sind ziemlich dick, entsprechend schwer ist es, sie zu besticken. Ein Fingerhut, Ledergreifer oder (ja!) Gartenhandschuh mit Grip kann hier wirklich hilfreich sein. Die Nadel sollte auch sehr fein und spitz sein, umso einfacher kommt man durch den Stoff. Es ist kein Anfänger*innenprojekt.

Jeanshemd besticken

VERSCHÖNERNDES STICKPROJEKT

Vorlage

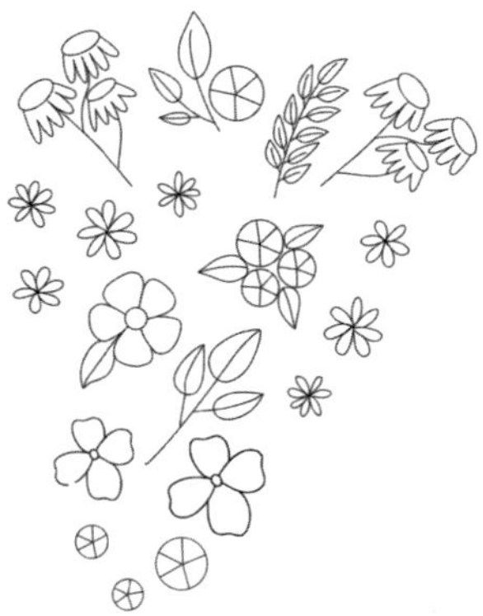

Material

- × Stickgarn (3 Fäden und 6 Fäden)
- × Sticknadel
- × Stoffstift
  (je nachdem, welche Farbe das Hemd hat, in hell oder dunkel)
- × kleine spitze Schere

VERWENDETE FARBEN STICKGARN
(ALLES ANCHOR-GARNE)

- × Dunkle Beere (1029)
- × Maisgelb (303)
- × Himbeere (41)
- × Mittelgrün (267)
- × Hellgrün (264)
- × Rosa (36)

VERWENDETE STICHARTEN

- × Webrosen (siehe Seite 25)
- × Plattstich (siehe Seite 22)
- × Grätenstich (siehe Seite 25)
- × Rückstich (siehe Seite 22)
- × Margeritenstich (siehe Seite 24)
- × Knötchenstich (siehe Seite 24)

So wird's gemacht

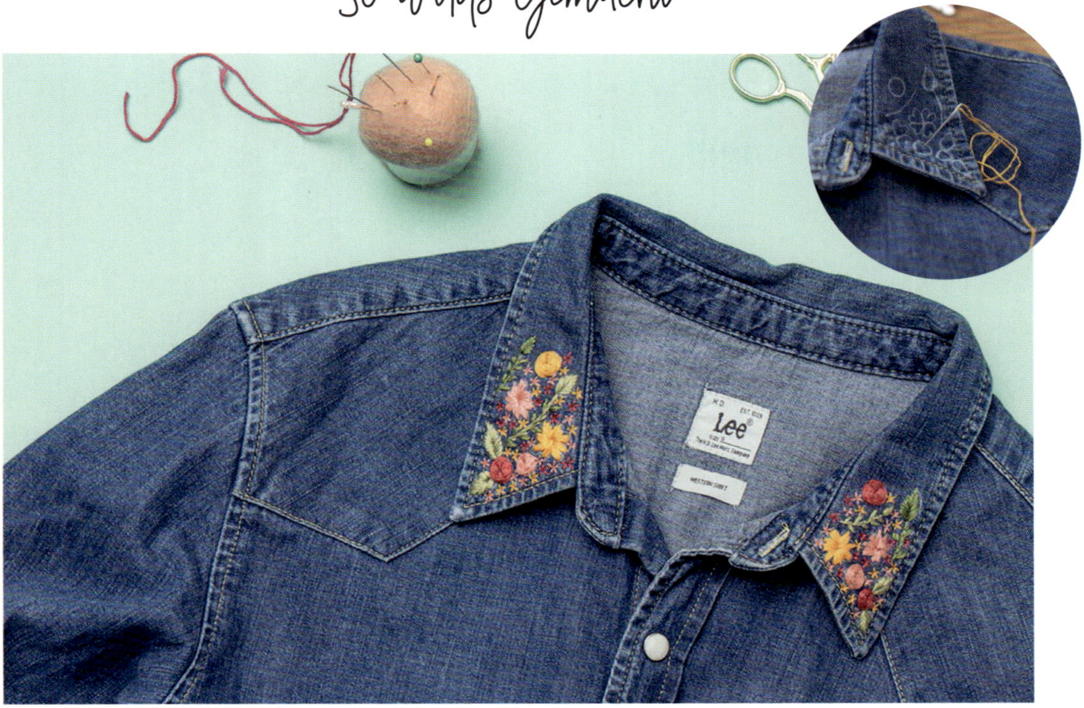

1 Die Blumen werden bunt gemischt auf dem Kragen und/oder den Hemdtaschen aufgemalt.

2 Blumen mithilfe der Erklärungen der Stickstiche sticken. Alle Blumen mit 3 Fäden sticken, für die Blätter und Stängel kann man auch alle 6 Fäden verwenden.

3 Die Zwischenräume mit dem Knötchenstich oder einfachen „5-Stichblumen“ ausfüllen. Diese Blumen von außen nach innen mit 5 Stichen in den gleichen Mittelpunkt sticken.

4 Beim Verknoten darauf achten, dass die Knötchen auf der Rückseite nicht zu dick sind und kein überschüssiges Garn absteht.

5 Wenn alle Blumen gestickt sind, kann der Stoffstift gemäß der Anleitung entfernt werden.

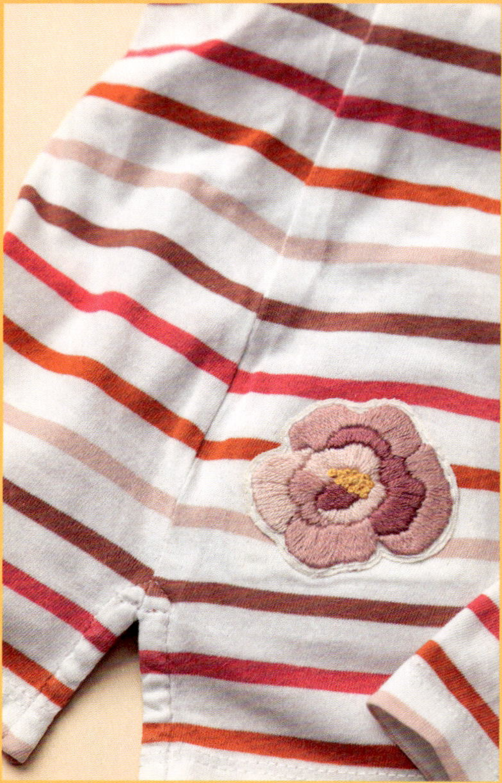
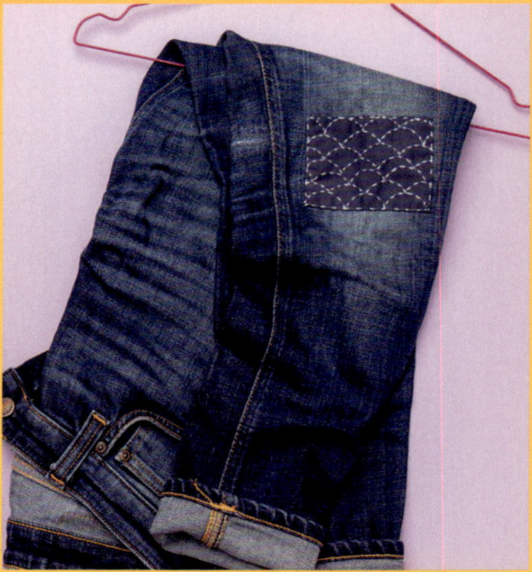
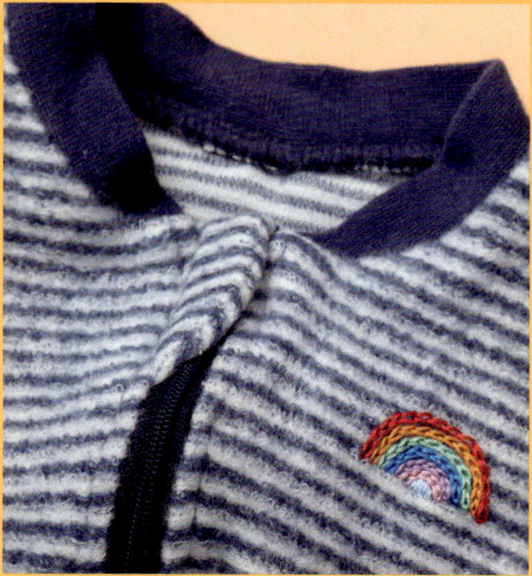
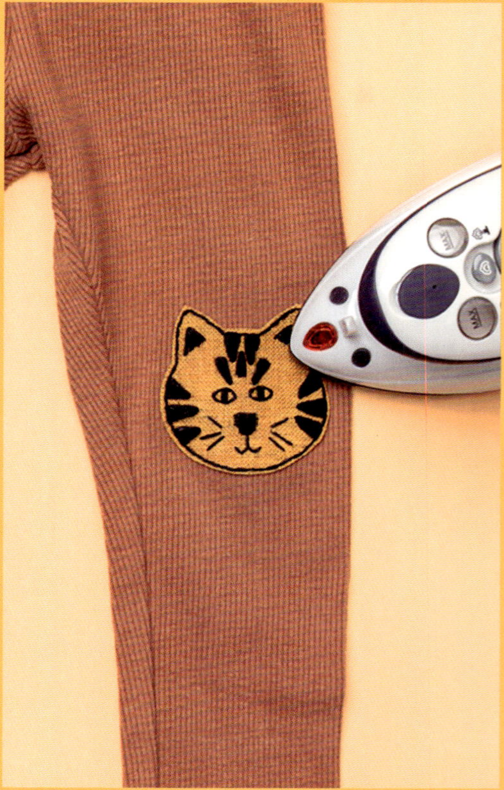

Reparierende STICKPROJEKTE

Stickend zu reparieren ist wie Zauberei – aus Löchern entstehen wunderbare Einzelstücke. Dabei können die Löcher direkt auf dem Kleidungsstück überstickt, eigene Aufnäher erstellt und aufgenäht werden.

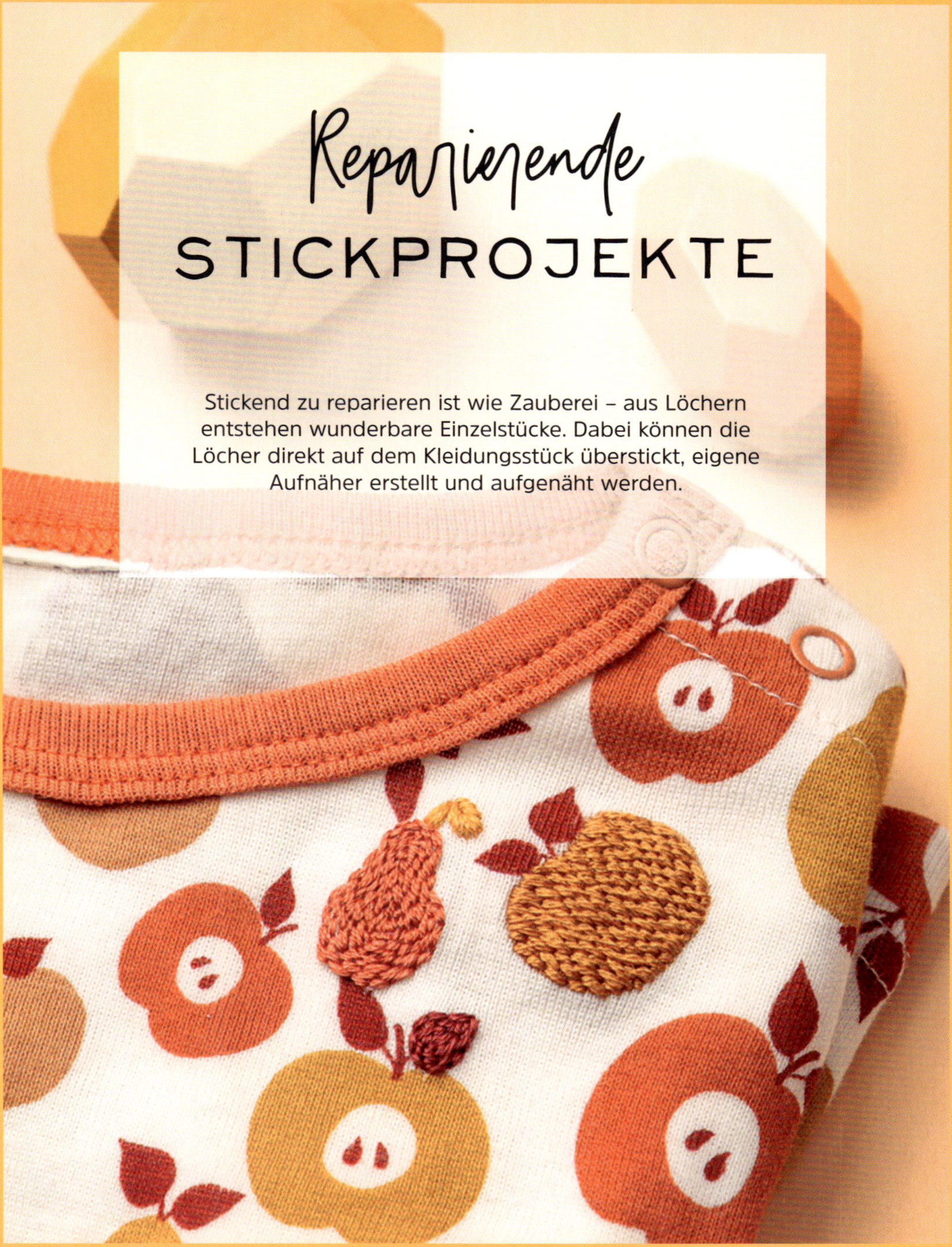

Die Reparaturanalyse

1. Welcher Stoff wird repariert?
2. Wo ist die zu reparierende Stelle?
3. Ist es eine Stelle, die offensichtlich oder versteckt geflickt werden soll?
4. Wie groß ist das Loch, der Riss oder der Fleck?
5. Wie viel Zeit möchte ich in die Arbeit investieren?

Mit diesen 5 Fragen kann man wichtige Fakten schnell klären und sich für eine geeignete und vor allem praktische Reparatur entscheiden.

Zu 1. Den Unterschied zwischen gewebten und gestrickten Stoffen habe ich ja erklärt. Techniken, die gut auf gewebten Stoffen funktionieren, sind u. a. Sticken und Sashiko. Auf gestrickten Stoffen kann man sehr gut filzen, weben oder den Maschenstich sticken. Die Materialien sollten möglichst denen des Kleidungsstücks ähneln.

Zu 2. Vor der Reparatur solltest du darüber nachdenken, wie die kaputte Stelle beansprucht wird. Ein Krabbelkind scheuert die Knie einer Stoffhose sehr viel schneller durch als ein Erwachsener. Nicht nur der Praxistest, sondern auch die Gemütlichkeit sollten hier eine Rolle spielen. Mit einer Stickerei aus Goldfäden, die zwar wunderschön aussieht, mich aber kratzt, habe ich nichts gewonnen.

Zu 3. Nicht jeder mag es, einen sichtbaren bunten Flicken auf seiner Jeans zu präsentieren. Man muss nicht gleich auf kunstvolles Sashiko verzichten, wenn man die verwendeten Materialien anpasst und Ton in Ton arbeitet.

Zu 4. Auch die Größe des Schadens entscheidet über die Art der Reparatur. Winzige Löcher können easy weggebügelt werden. Ein großes Loch muss um Material ergänzt werden, damit es geflickt werden kann. Ein paar Flecken auf einem Shirt können leicht umstickt werden, ist es großflächig fleckig, wäre neu einfärben dann wahrscheinlich sinnvoller.

Zu 5. Manchmal ist es keine Frage des Wollens, sondern einfach des Könnens. Eine löchrige Kinderleggings muss wahrscheinlich fix repariert werden – Kinder wachsen phasenweise so schnell aus ihren Sachen, dass man es sich gar nicht erlauben kann, da ein wochenlanges Projekt draus zu machen. Gestrickte Lieblingssocken hingegen können mit viel Liebe und Muße gestopft werden, damit nach der Reparatur wieder Jahre darauf gelaufen werden kann.

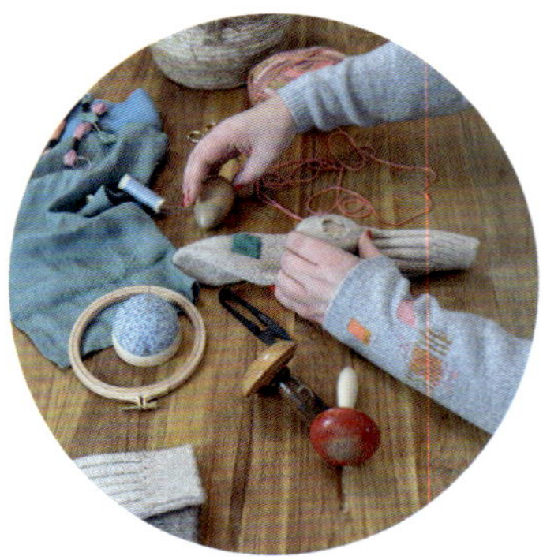

Hilfreiche Tipps

VORAUSSCHAUENDES REPARIEREN

Die Kleidung immer weitläufig um die kaputte Stelle herum reparieren, damit es nicht gleich an anderer Stelle wieder aufgeht. Dünne, aufgescheuerte Stellen werden am besten großflächig vor dem ersten Riss geflickt.

FADENLÄNGE

Das Reparieren klappt mit einer Fadenlänge von den Fingerspitzen bis zum Ellbogen am besten. Diese Länge ist ideal, da sich ein zu langer Faden schnell verknotet.

FOTOBEWEIS

Wer seine Reparaturen fotografisch festhält, kann immer nochmal nachvollziehen, wie man welches Loch repariert hat und wie es gehalten hat. Ein Vorher-/Nachher-Bild ist immer toll.

FINISHING BÜGELN ODER DÄMPFEN

Eine geflickte Stelle kann man extra versiegeln, indem man sie bügelt oder dämpft. Gewebte Stoffe dreht man auf links und legt ein Tuch zwischen Bügeleisen und Reparatur, bevor man kurz mit etwas Druck auf mittlerer Hitze bügelt. Bei Wolle hält man das Bügeleisen ca. 1 cm über die Stelle und dämpft sie ab. So ziehen sich die Fasern wieder zusammen, und die Reparatur wird schön glatt.

DER RICHTIGE FARBTON

Wenn du eine unsichtbare Reparatur machen möchtest, aber nicht das passende Garn im gleichen Farbton zur Hand hast, wähle lieber den dunkleren Farbton. Helle Farben stechen nachträglich viel mehr heraus als dunklere.

WASCHEN

Filze ich mit Merinowolle auf einer Baumwolljacke, ändert sich die Wäsche des kompletten Kleidungsstücks. Das sollte man bei jeder Reparatur, die nicht mit gleichen Materialien gemacht wurde, berücksichtigen. Reparierte Textilien sollten nur noch auf links und in einem Wäschebeutel, am besten bei niedriger Temperatur, gewaschen werden. Den Trockner sollten alle reparierten Kleidungsstücke meiden.

Nicht mehr zu rettende Kleidungsstücke und Stoffreste unbedingt aufbewahren. Aus einer alten Lieblingsjeans lassen sich zahlreiche neue Flicken herstellen.

Viele kleine Löcher

MIT DEM RÜCKSTICH REPARIEREN

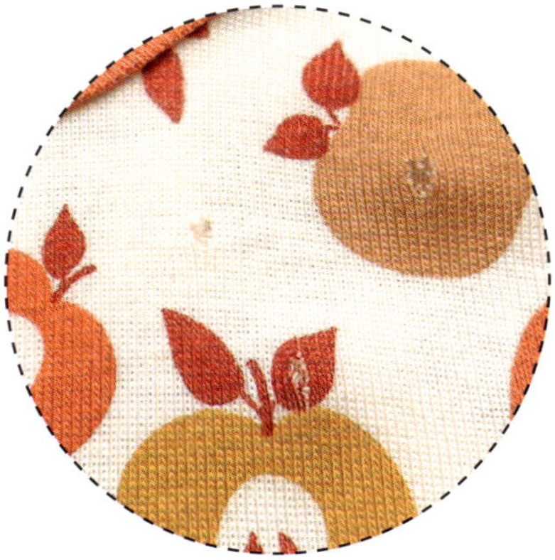

REPARATURANALYSE

Nach dem Waschen in der Waschmaschine hat das Shirt einige kleine Löcher abbekommen durch Reißverschlüsse o.Ä.

Material

- Nähgarn
- Nähnadel
- Stickgarn (3 Fäden)
- feine spitze Sticknadel
- kleiner Stickrahmen
- kleine spitze Schere
- Stoffstift
- Bügelvlies

So wird's gemacht

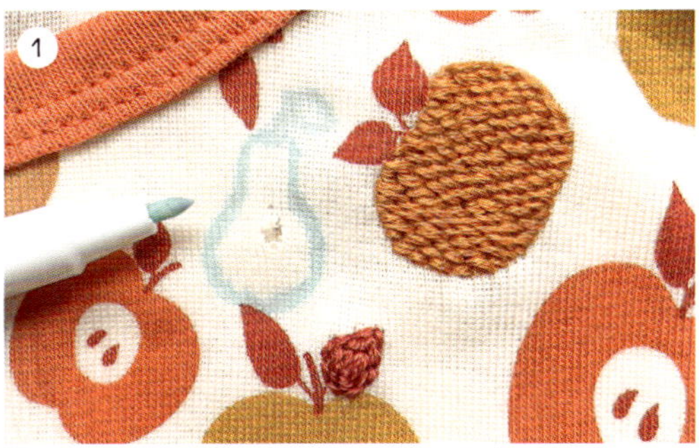

1 Die Löcher im Muster sind bereits entsprechend überstickt. Für ein Loch gleich daneben das Muster mit einem Stoffstift weitermalen.

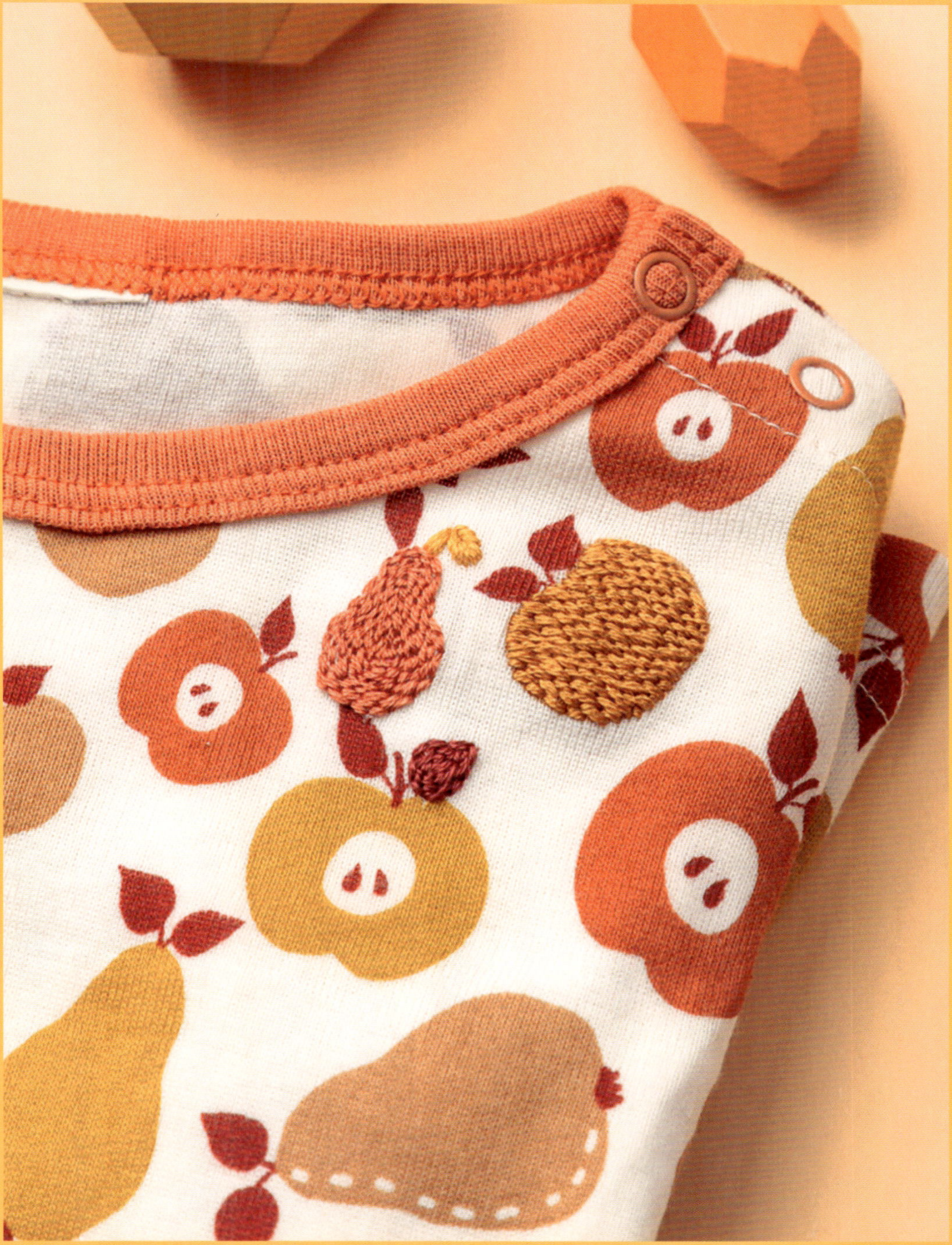

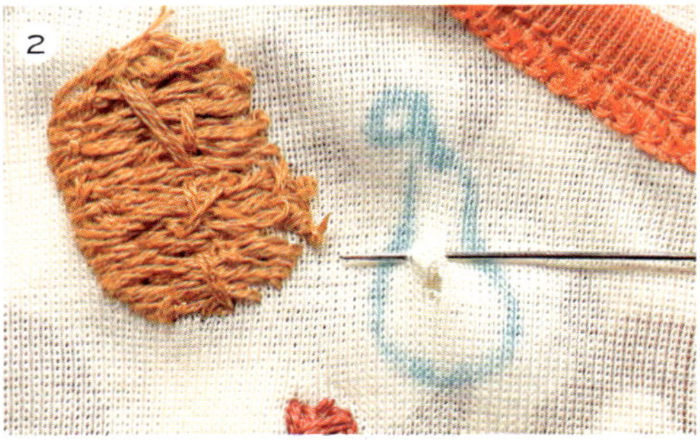

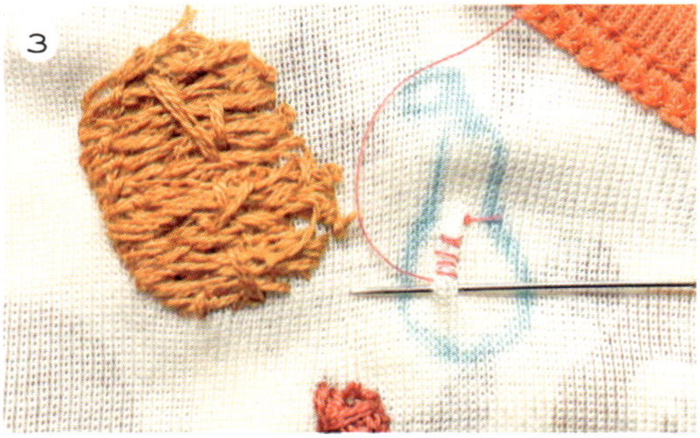

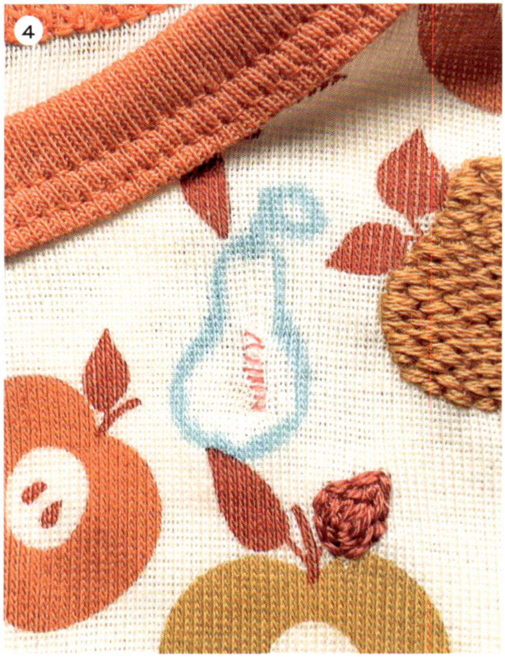

2 Das Shirt auf links drehen und mit einer feinen Nähnadel und Nähgarn (in der Farbe des Grundstoffs) ein paar Millimeter über dem eigentlichen Loch von rechts nach links einstechen.

3 Schritt 2 so lange wiederholen, bis das komplette Loch geschlossen ist, und darauf achten, dass sich beim Zunähen das Loch schließt, ohne dass sich der Stoff verzieht.

4 Das Ganze wieder auf rechts drehen und überprüfen, ob das Loch geschlossen ist. Danach das Kleidungsstück vorsichtig in einen Stickrahmen einspannen.

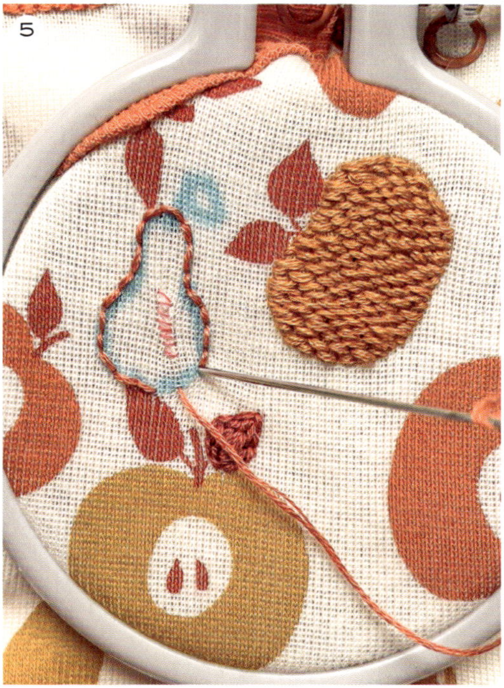

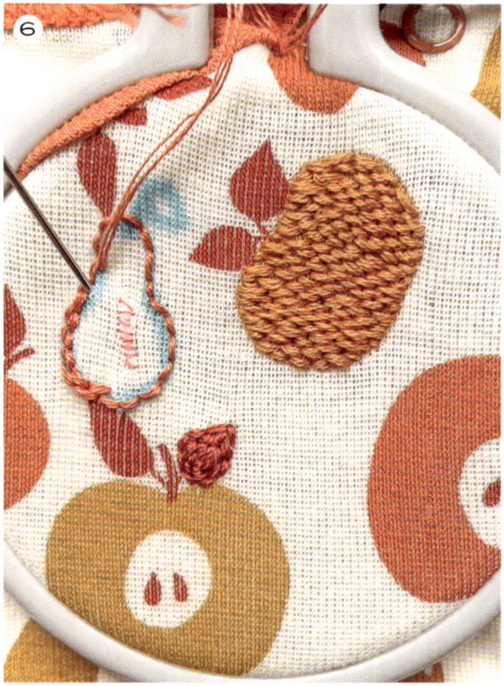

5 Das gemalte Motiv nun mit dem Rückstich von außen nach innen mit kleinen Stichen umrunden.

6 Einen besonders schönen Effekt hat diese Reparaturtechnik, wenn man den Rückstich versetzt stickt. Diesen Schritt so lange wiederholen, bis die komplette Fläche ausgefüllt ist, und das letzte Stück Faden auf der Rückseite vernähen.

Riss im Pullover

MIT DEM KETTENSTICH REPARIEREN

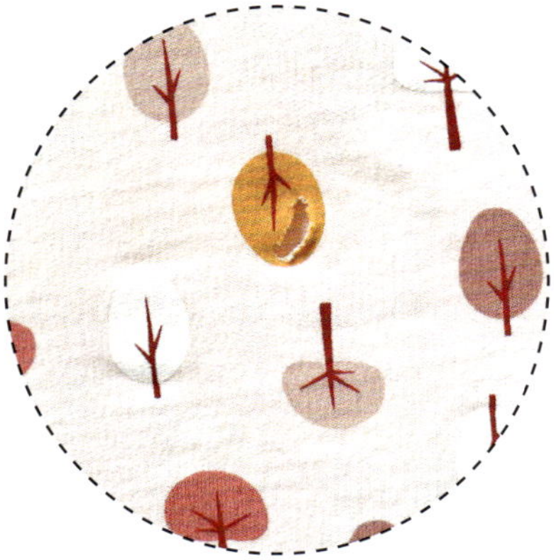

Material

- Stickgarn (3 Fäden)
- feine spitze Sticknadel
- kleiner Stickrahmen
- kleine spitze Schere

REPARATURANALYSE

Ein gerader Riss,
mitten im Print eines Pullovers,
soll überstickt werden.

So wird's gemacht

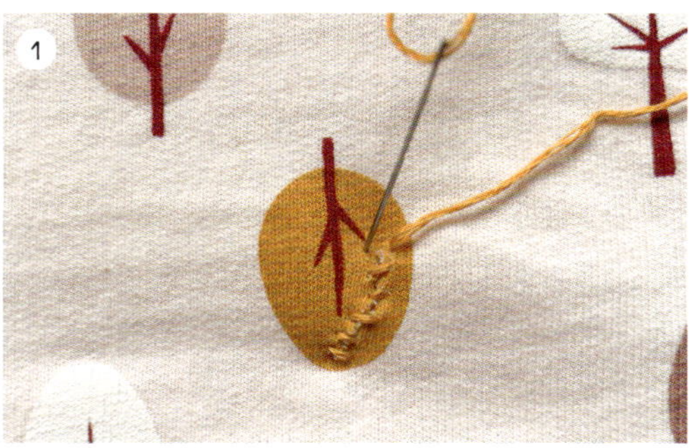

1 Das Kleidungsstück in den Stickrahmen einspannen und mit einer ersten groben Naht von links nach rechts einstechen, um den Riss zu verschließen.

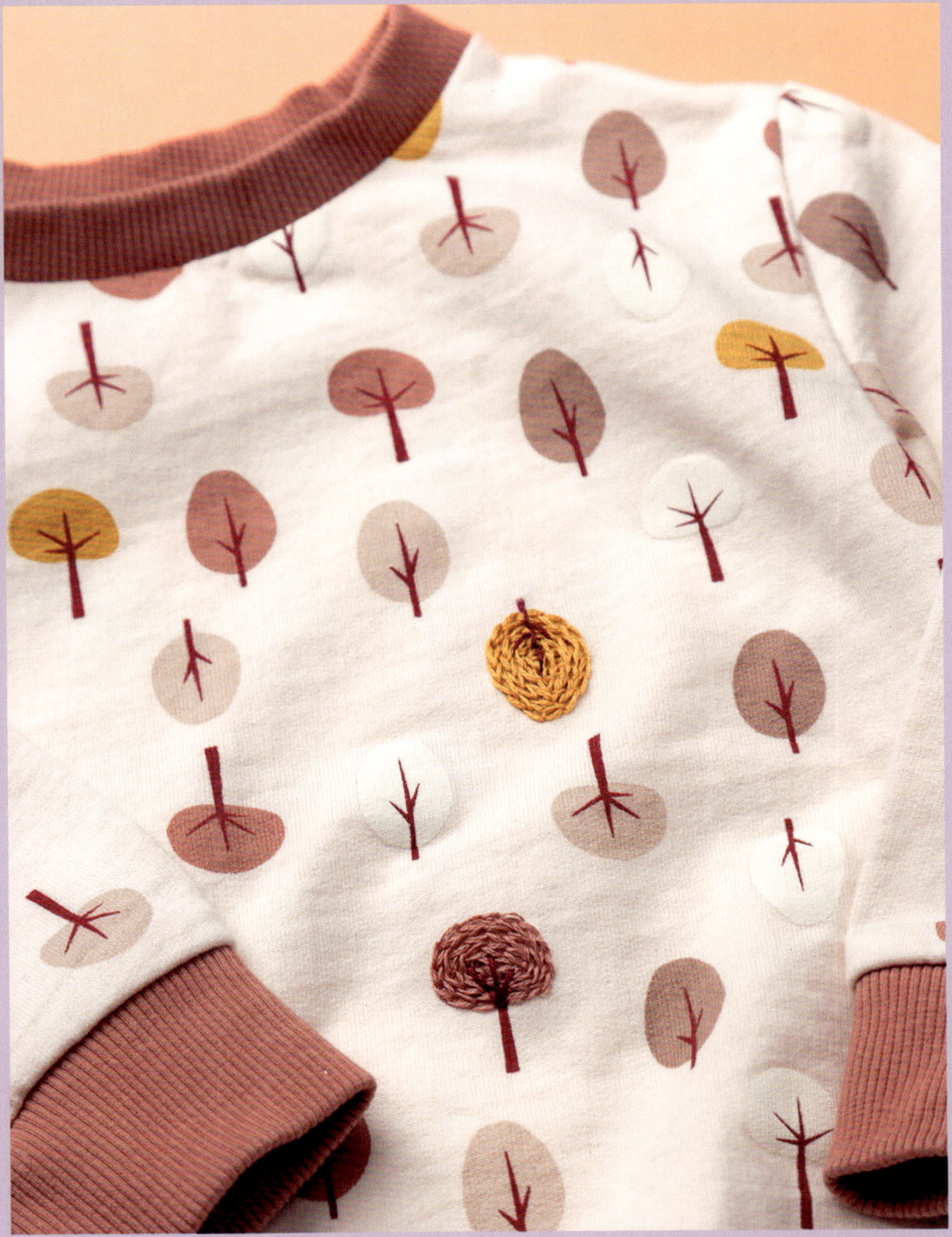

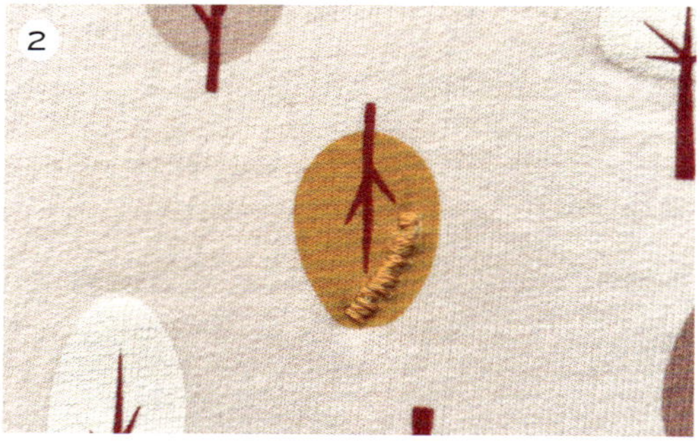

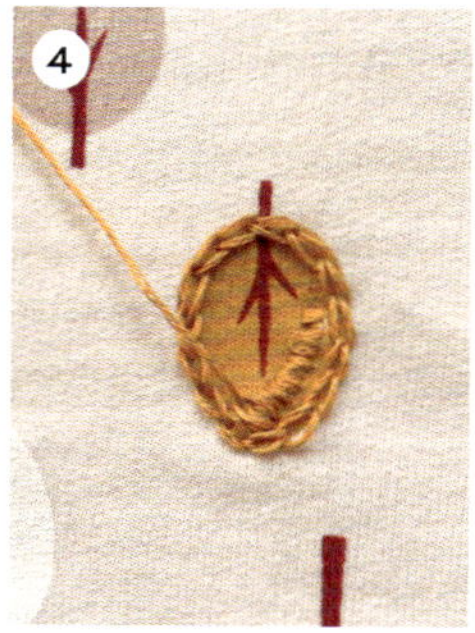

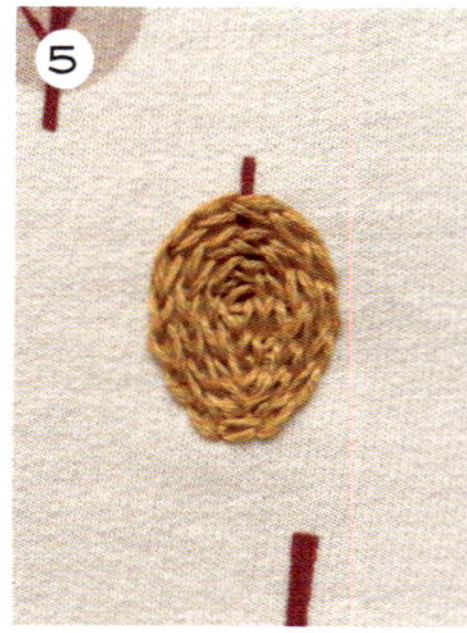

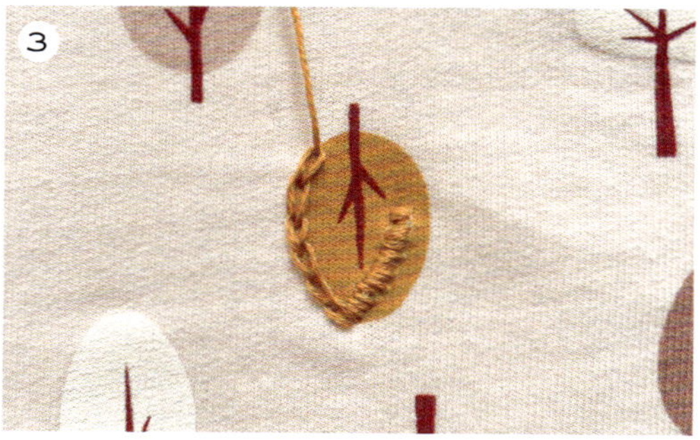

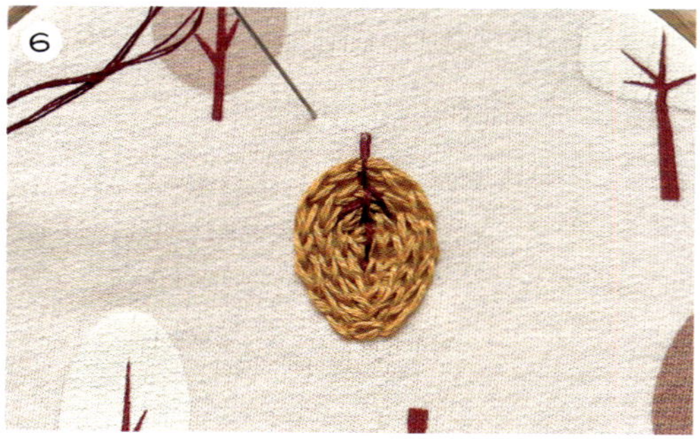

2 Beim Verschließen der rissigen Stelle von unten nach oben und wieder zurücknähen. So schließt man den Riss über die komplette Fläche.

3 Ist der Riss komplett mit dem Stickgarn überdeckt, beginnt man mit der ersten Runde Kettenstiche von außen nach innen.

4 Die Kettenstiche so lange sticken, bis die ganze Fläche, inklusive der Naht, ausgefüllt ist.

5 Wenn die komplette Fläche gefüllt ist, den Faden auf der Rückseite fest vernähen.

6 Kleine Details (wie hier der Baumstamm) werden erst ganz zum Schluss über das bereits Gestickte gearbeitet.

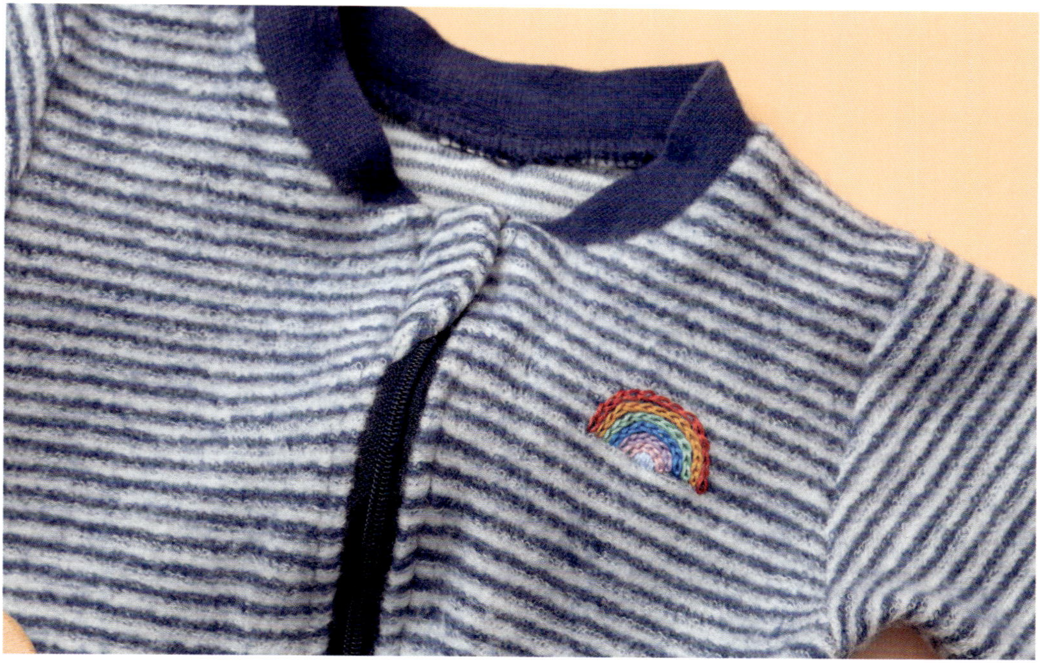

Hilfreiche Tipps

KETTEN- UND RÜCKSTICH

In Rundungen immer kleiner werden, um die Form zu halten.

Der Rückstich bestickt auch die Rückseite, während der Kettenstich nur die Vorderseite großflächig ausfüllt. Beide Stickstiche können für die gleichen Reparaturen eingesetzt werden, aber man sollte überlegen, wo die Reparatur ist. Am Knie könnte es von Vorteil sein, wenn Vor- und Rückseite mit dem Rückstich ausgefüllt sind, für einen maximalen Halt.

Es fügt sich meistens sehr schön ins Gesamtbild ein, noch ein paar zusätzliche Elemente um die eigentliche Reparatur zu sticken. Dann sieht es noch mehr gewollt als repariert aus.

Aufnäher

MIT PLATTSTICH

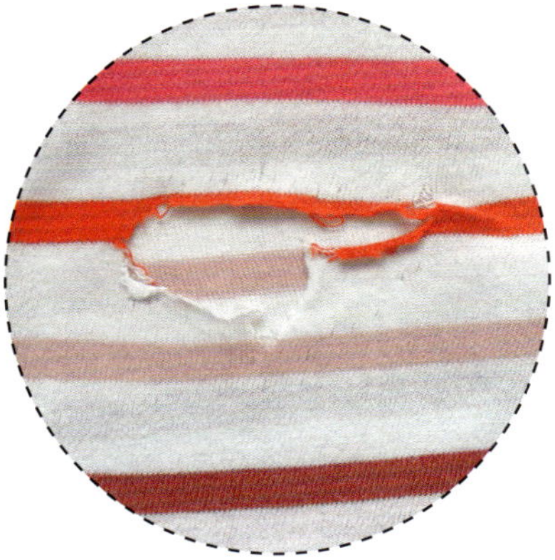

REPARATURANALYSE

Das Shirt hat ein großes Loch, das mithilfe eines selbst gestickten Aufnähers und einer neuen Lage Stoff geschlossen werden soll.

Material

- fester Baumwollstoff
- Stickgarn (3 Fäden)
- Nähnadel und spitze Sticknadel
- Nähgarn in Stofffarbe
- kleiner Stickrahmen
- kleine spitze Schere
- Stoffstift
- Textilkleber, ggf. Pinsel zum Auftragen
- Vlies
- Bügeleisen

Vorlage

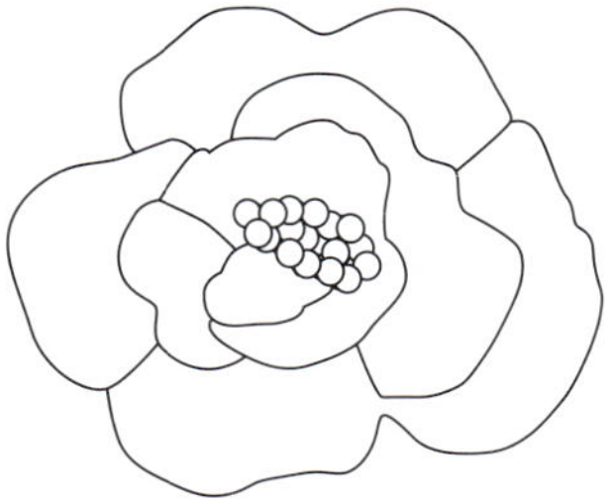

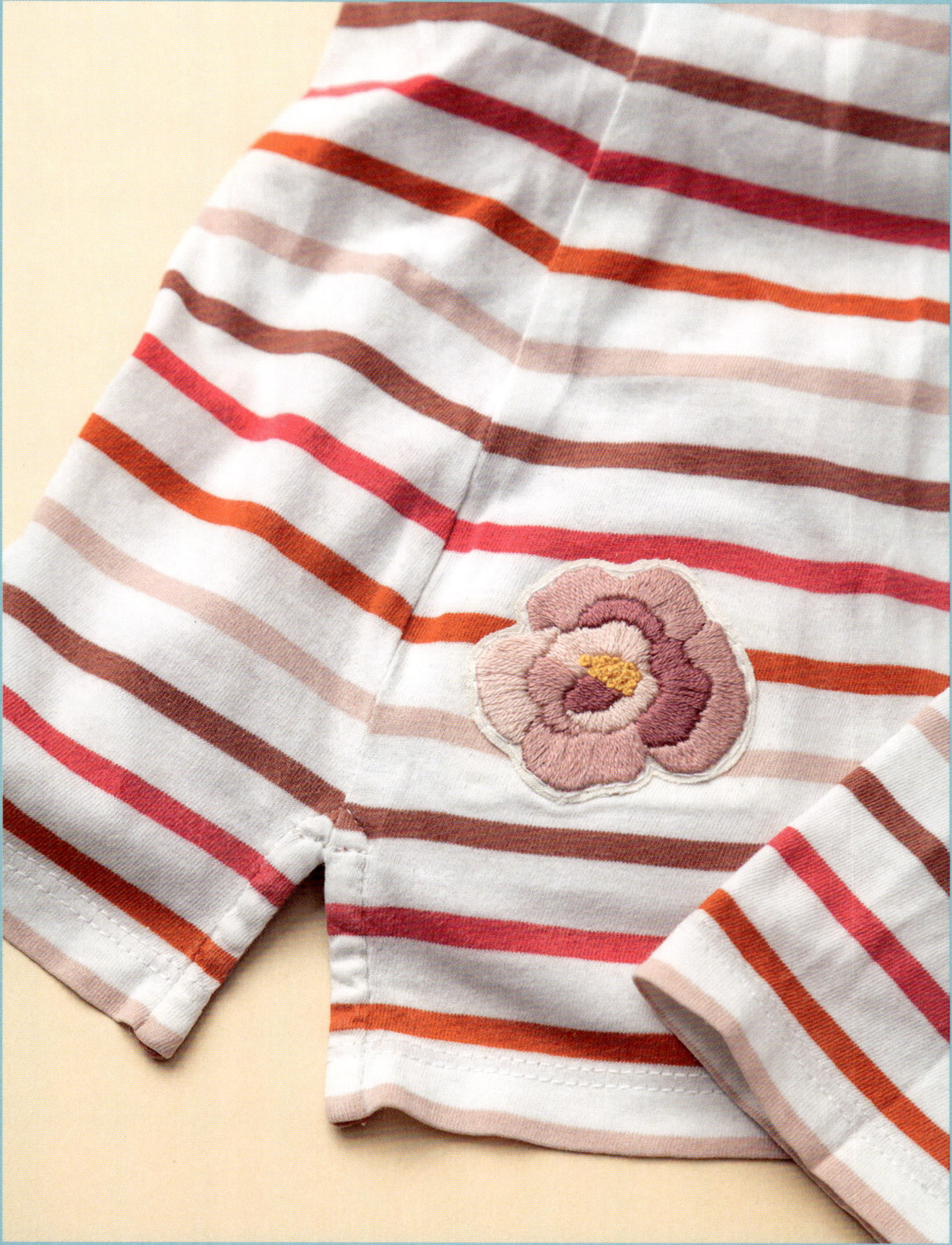

So wird's gemacht

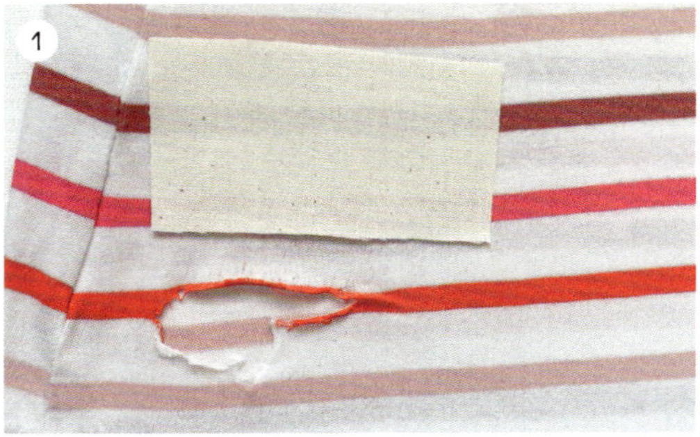

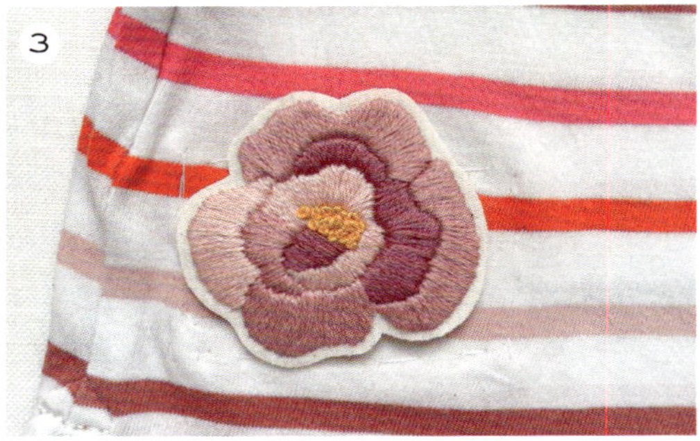

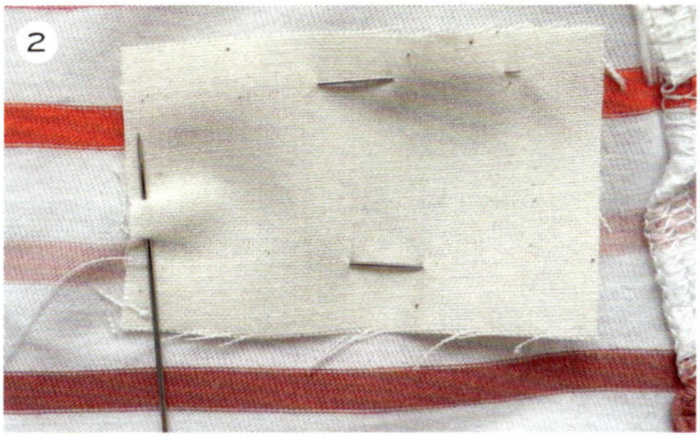

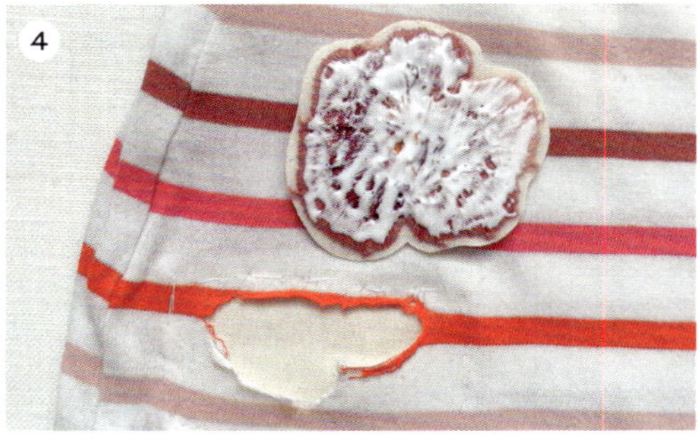

1 Den Aufnäher mithilfe der Anleitung zum Plattstich auf S. 22 sticken. Das Loch stabilisieren und einen neuen Untergrund für den Aufnäher schaffen, dafür ein Stück Baumwollstoff größer als das eigentliche Loch mit ca. 2 cm Nahtzugabe zuschneiden.

2 Das kaputte Kleidungsstück auf links drehen. Den Zuschnitt mit Stecknadeln feststecken. Den Stoff mit Nähgarn im Vorstich/Heftstich rundherum festnähen. Da die Naht später wieder gelöst wird, muss sie nur halten. Durch die Verwendung einer spitzen Nadel kann es zu kleinen Einstichlöchern kommen. Die lassen sich aber meistens wieder glatt ziehen. Alternativ kann man den Stoff auch sauber annähen und später so lassen.

3 Den vorab gestickten Aufnäher ausschneiden und ringsherum einen Rand von ca. 5 mm lassen.

4 Nun den Aufnäher dünn mit Kleber bedecken. Wichtig! Den Rand (die 5 mm) aussparen, damit man diesen ohne Klebereste gut vernähen kann. Aufnäher positionieren, festdrücken und mindestens eine Stunde warten.

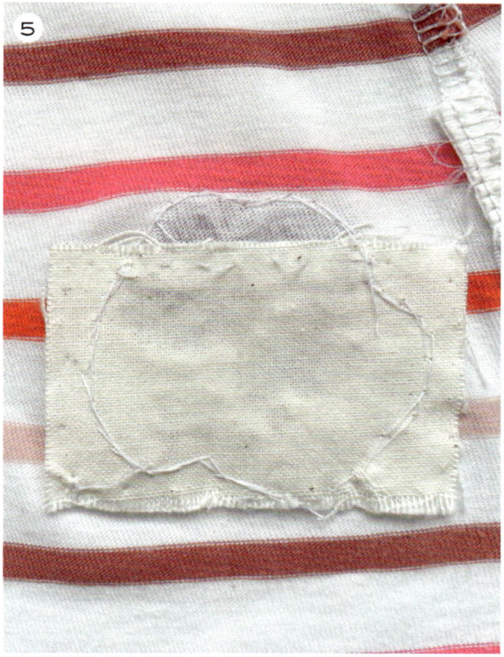

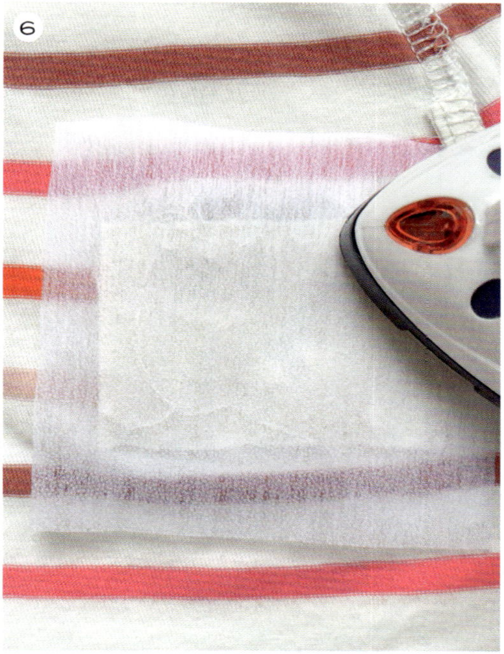

5 Nach der Trockenzeit den Aufnäher mit Nähgarn im Rückstich festnähen und anschließend das Shirt auf links drehen, um die Vorstich-Naht von Schritt 2 ggf. zu entfernen.

6 Zum Schluss die Rückseite mit einem Stück Bügelvlies abdecken und festbügeln.

Aufnäher

TIGER FÜR KAPUTTE KINDERHOSEN

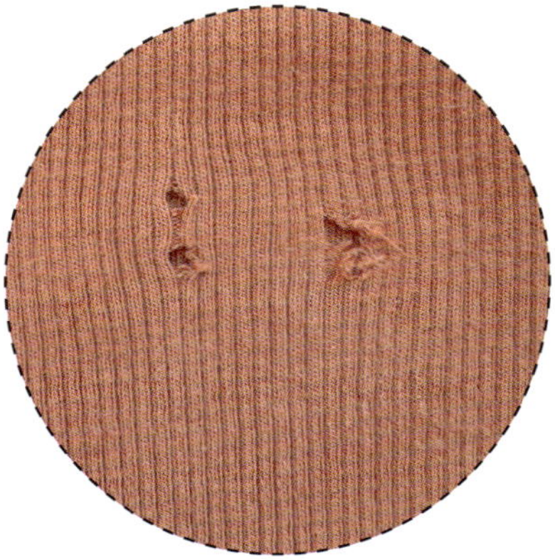

REPARATURANALYSE

Durchgescheuerte Knie in einer Leggings/Stoffhose sollen großflächig und vorausschauend repariert werden.

Material

- fester Baumwollstoff
- Stickgarn (3 Fäden)
- spitze Sticknadel
- Nähnadel
- Nähgarn in der Farbe des Baumwollstoffs
- kleiner Stickrahmen
- kleine spitze Schere
- Stoffstift
- Textilkleber ggf. Pinsel zum Auftragen

Vorlage

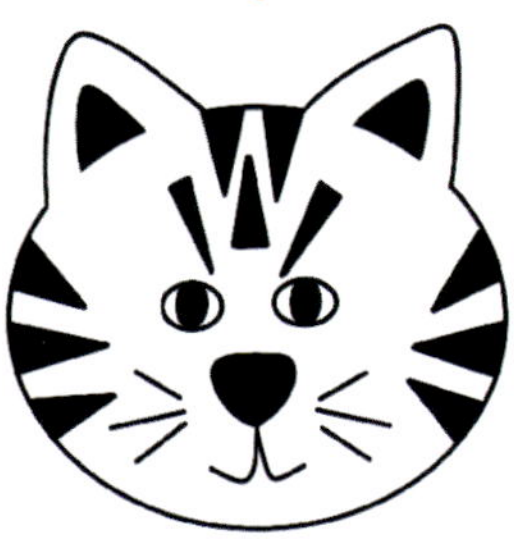

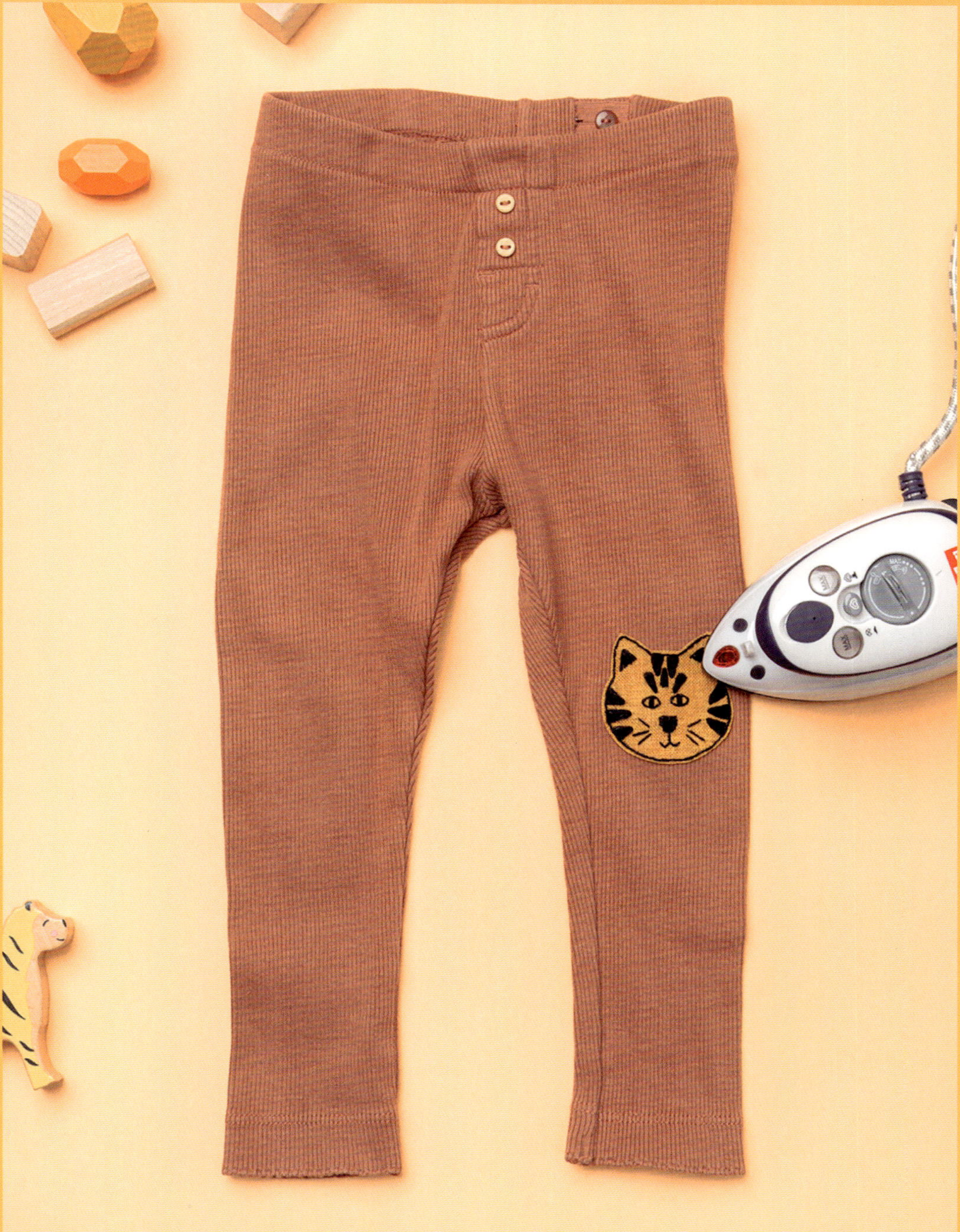

So wird's gemacht

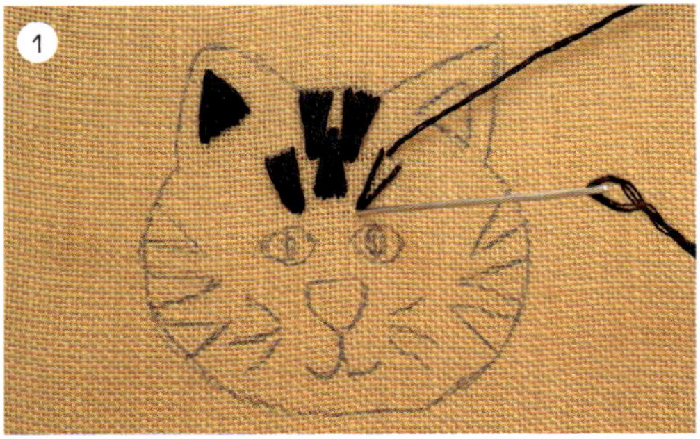

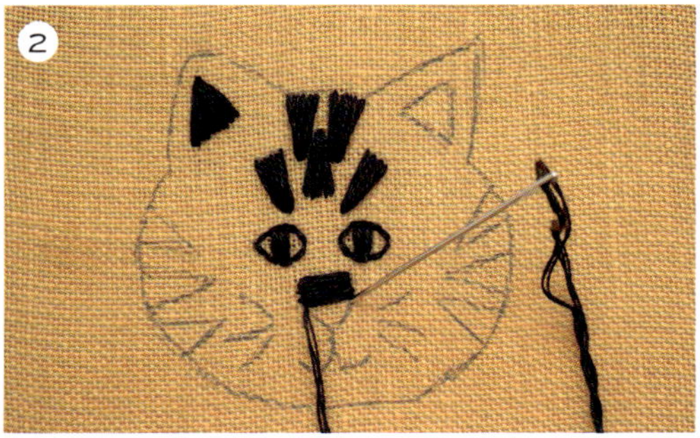

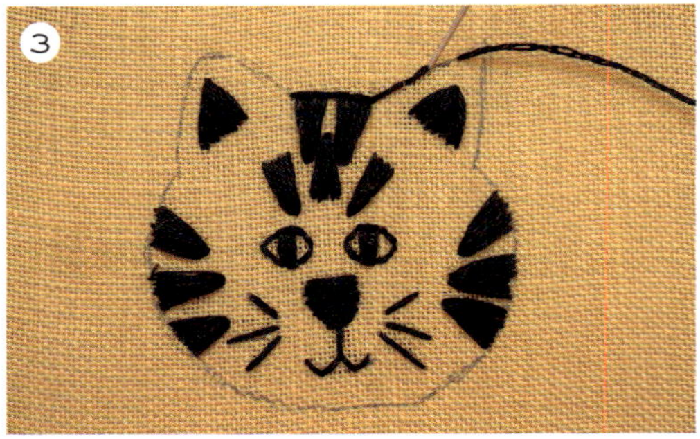

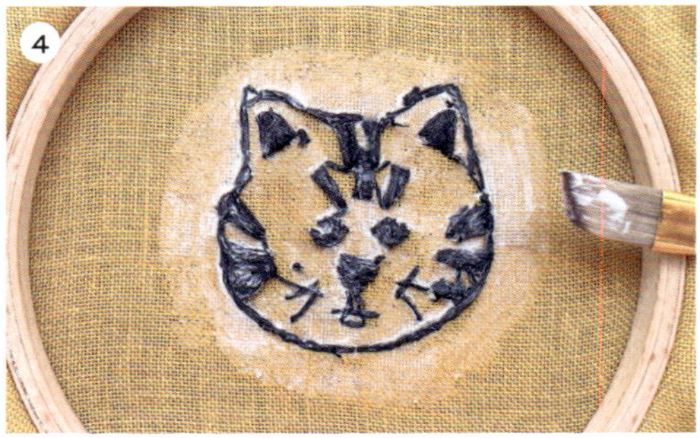

1 Das Motiv (Vorlage auf S. 62) auf den Stoff übertragen (abpausen oder ein Vlies benutzen) und den Stoff in den Stickrahmen fest einspannen. Mit dem Plattstich die einzelnen Elemente von oben nach unten sticken. Bei den Dreiecksformen ist es am einfachsten, wenn man von der breiten Seite in die spitze Ecke sticht – hier muss dann mehrfach in das gleiche Loch eingestochen werden.

2 Die Augen erst im Plattstich sticken und anschließend mit dem Rückstich umrunden. Die Nase im Plattstich von links nach rechts sticken.

3 Wenn das Gesicht komplett ausgefüllt ist, den Kopf mit dem Rückstich in kleinen Stichen umrunden. Die Stickerei ist an diesem Punkt fertig.

4 Der Kleber wird mit dem Pinsel (oder mit dem Finger) aufgetragen. Einfach etwas Kleber auf den Pinsel/Finger geben und dünn über die ganze Fläche verteilen. Damit der Stoff nach dem Ausschneiden nicht ausfranst, ist es wichtig, den Kleber ca. 1cm um das Motiv herum zu verteilen.

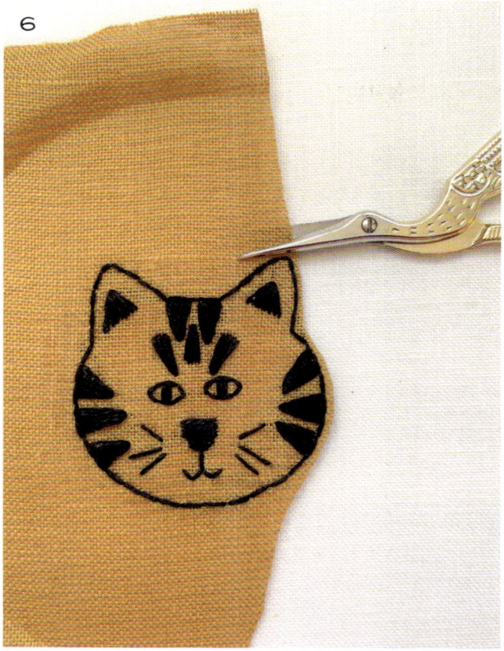

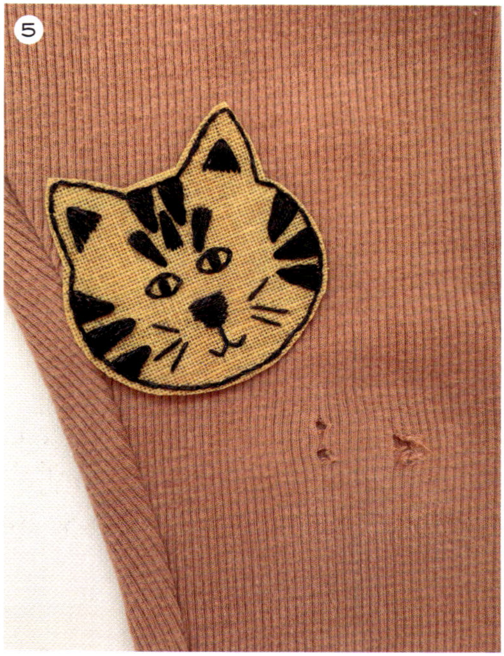

5 Wenn der Kleber getrocknet ist (Packungshinweise beachten, am besten über Nacht trocknen lassen), wird das Motiv ausgeschnitten. Möchte man den Aufnäher nur aufkleben, kann man nah am Rand abschneiden. Meine Empfehlung ist aber, eine Nahtzugabe von mindestens 5 mm zu lassen, um den Aufnäher erst kleben und anschließend noch vernähen zu können, damit er besser hält.

6 Aufnäher auf dem Kleidungsstück positionieren, festkleben und rundherum mit farblich passendem Nähgarn im Rückstich festnähen.

Aufnäher

EINHORN FÜR KAPUTTE KINDERHOSEN

Vorlage

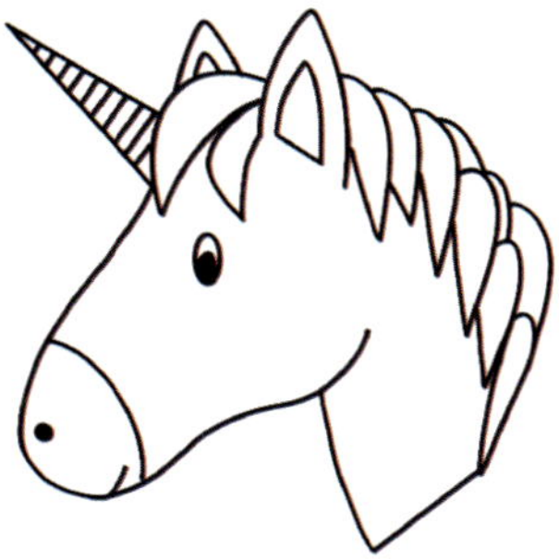

Material

- Baumwollstoff
- Stickgarn (3 Fäden)
- spitze Sticknadel
- Nähnadel
- Nähgarn in der Farbe des Baumwollstoffs
- kleiner Stickrahmen
- kleine spitze Schere
- Stoffstift
- Textilkleber ggf. Pinsel zum Auftragen

So wird's gemacht

Den Einhorn-Aufnäher in den einzelnen Arbeitsschritten wie den Tiger-Aufnäher von Seite 62 arbeiten.

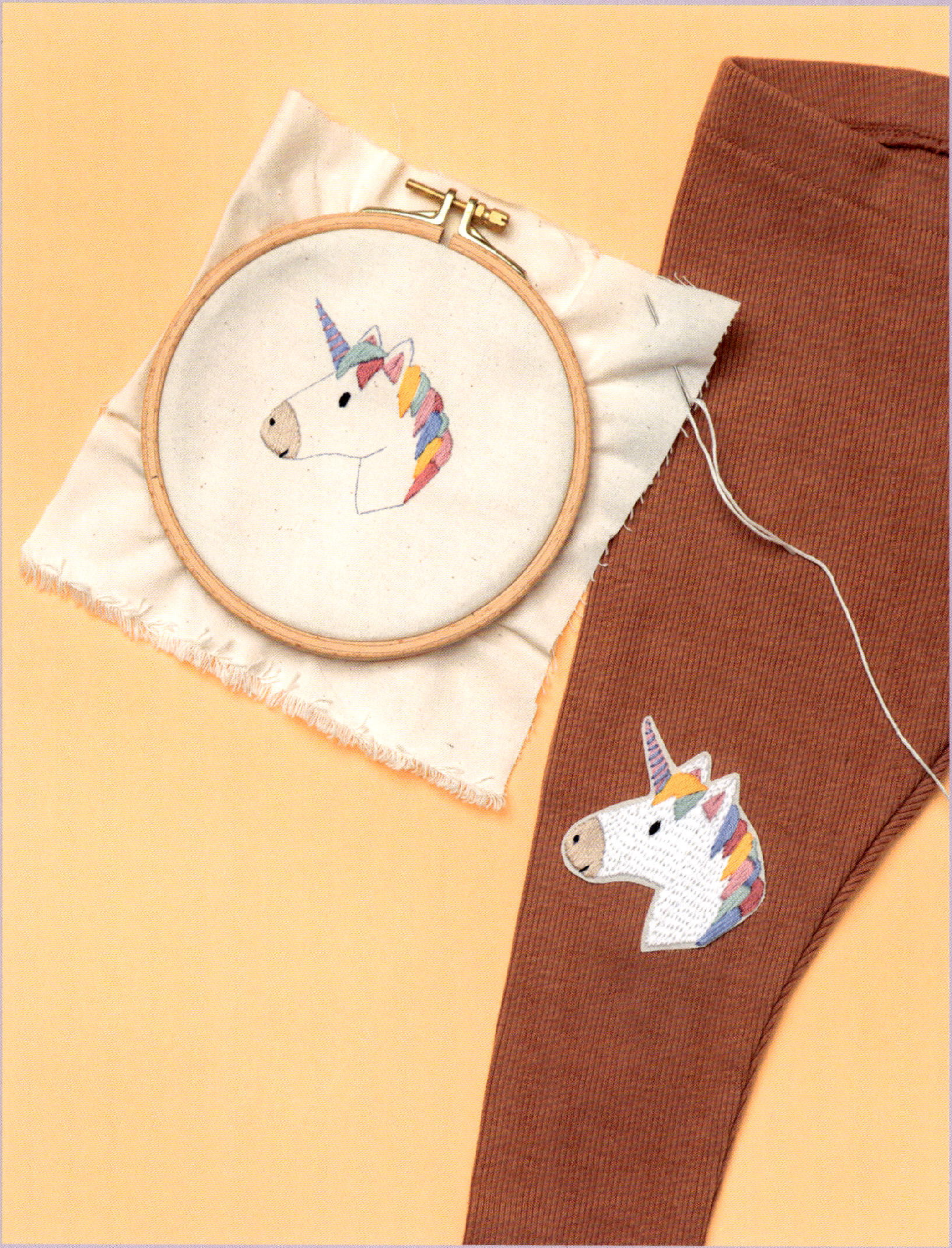

Jeansaufnäher

FÜR KAPUTTE KINDERHOSEN

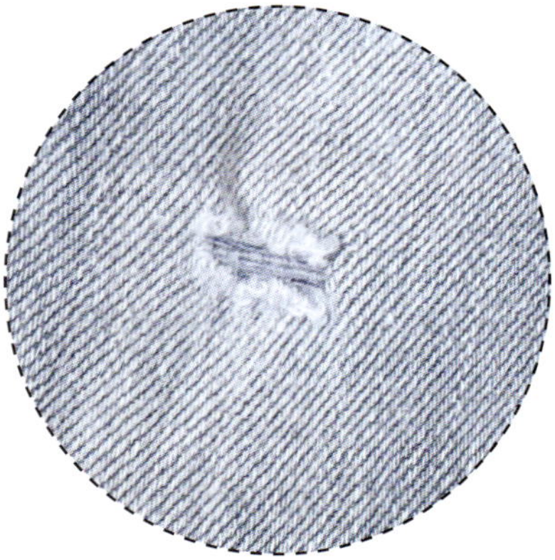

REPARATURANALYSE

Löcher an den Knien einer Jeanshose, die großflächig, aber schnell repariert werden sollen.

Material

- fertige Jeansaufnäher
- Stickgarn (3 Fäden)
- spitze Sticknadel
- kleine spitze Schere
- Stoffstift
- Baumwollstoff / Geschirrtuch
- Bügeleisen

Vorlage

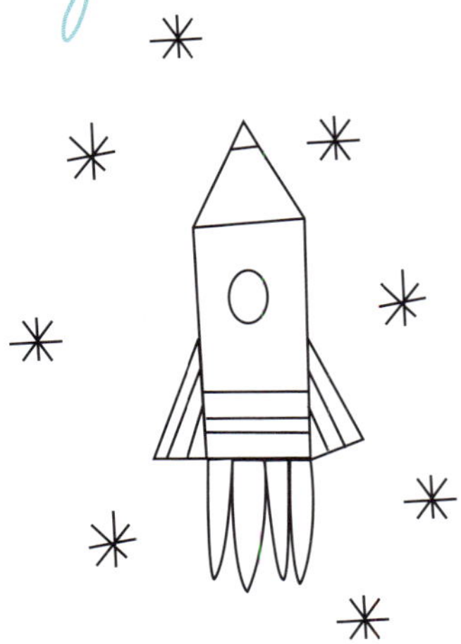

So wird's gemacht

1
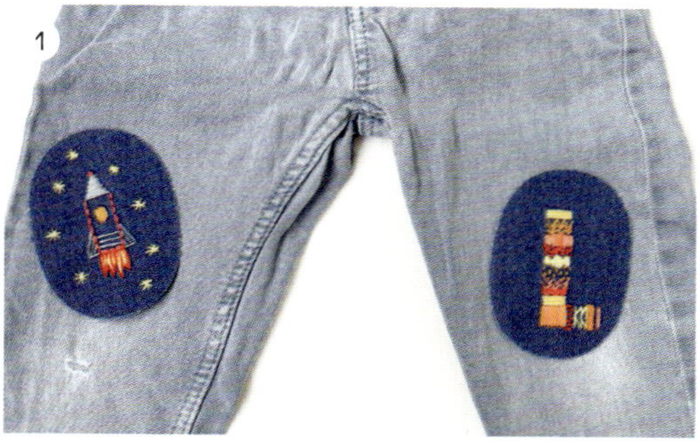

2
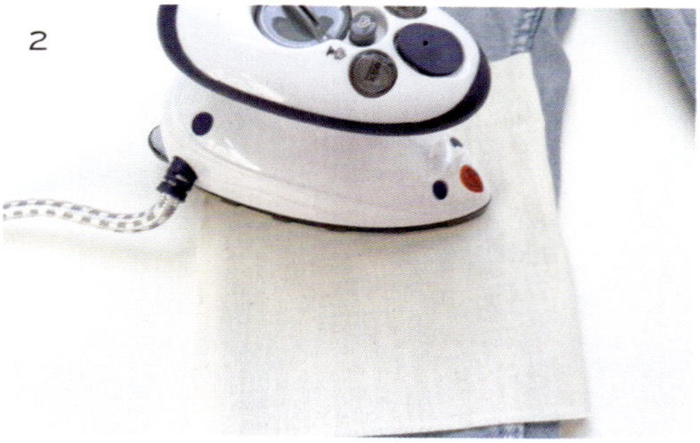

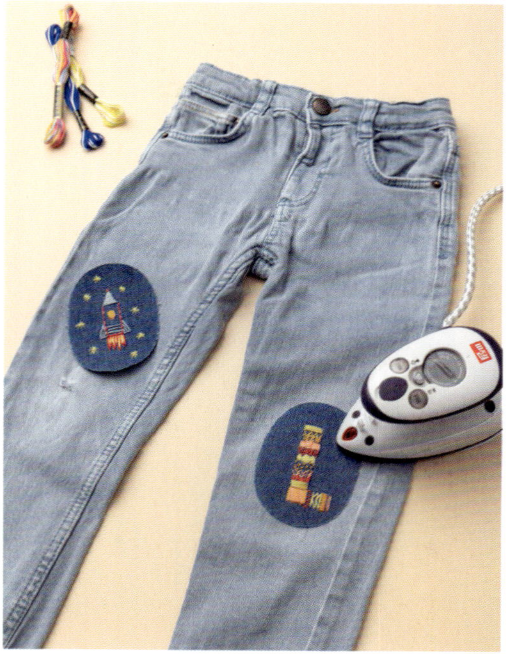

1 Das Motiv freihändig auf die fertigen Jeansaufnäher malen oder ein Transferpapier benutzen, falls das Motiv zu komplex ist. Das Motiv auf den Jeansaufnäher mit Platt-, Rück- und Knötchenstich (siehe S. 22 und 24) sticken. Jeansaufnäher sind verhältnismäßig dick, weshalb man keinen Stickrahmen benötigt und sie auch ohne Rahmen gut in der Hand liegen.

2 Wenn die Patches bestickt sind, beide auf die Hose bügeln. Dafür ein Baumwolltuch zum Schutz der Stickerei verwenden und die Patches, wie in der Verpackungsanweisung empfohlen, aufbügeln. Durch den Patch wird das komplette (Kinder-)Knie abgedeckt, und die Hose kann noch sehr lange getragen werden.

Jeanshemd reparieren

MIT SASHIKO-STICKEREI

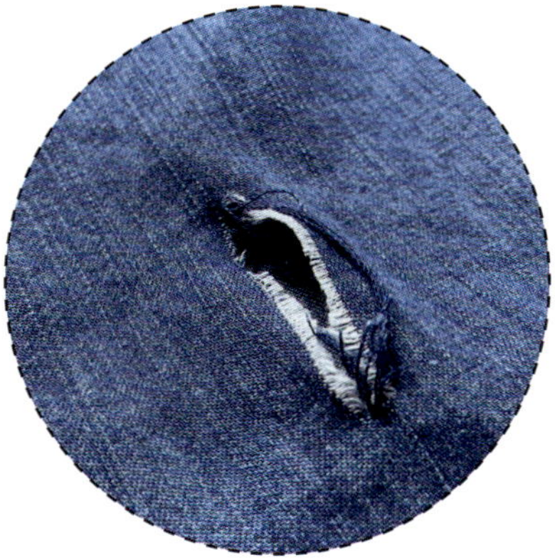

REPARATURANALYSE

Das Jeanshemd hat einen langen geraden Riss am Rücken, der geschlossen werden soll.

Material

- weißes Sashiko-Garn oder Stickgarn (3 Fäden)
- Sashiko-Nadel, ca. 7 cm lang
- (Patchwork-)Lineal
- Stoffstift
- kleine Schere oder Fadentrenner
- Vlies zum Aufbügeln
- Bügeleisen

So wird's gemacht

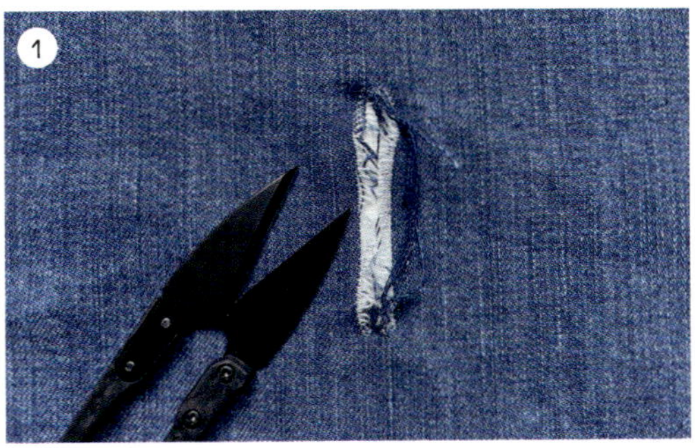

1 Alle losen Fäden rund um den Riss abschneiden und die Stelle versäubern.

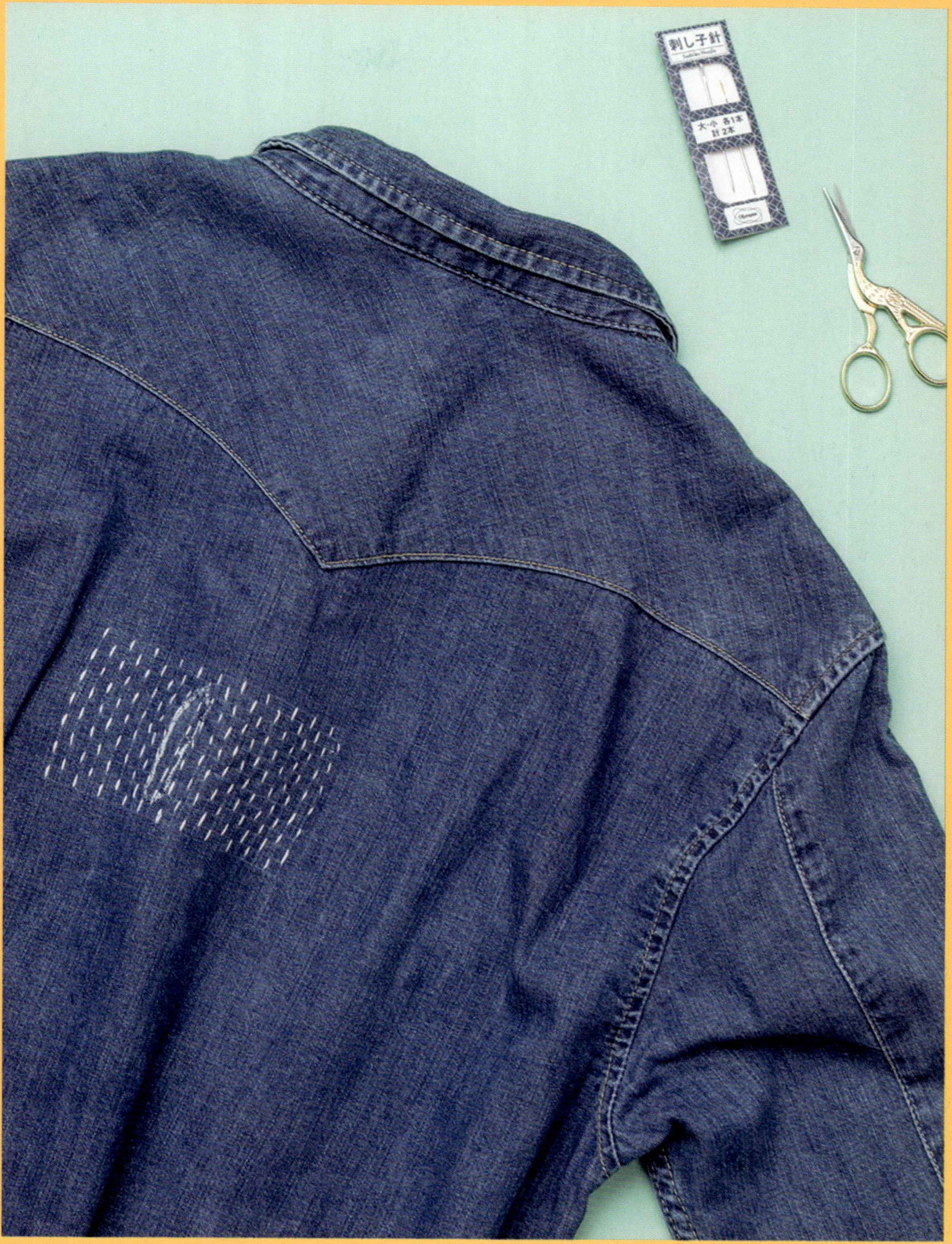
刺し子針
大・小 各1本
計2本

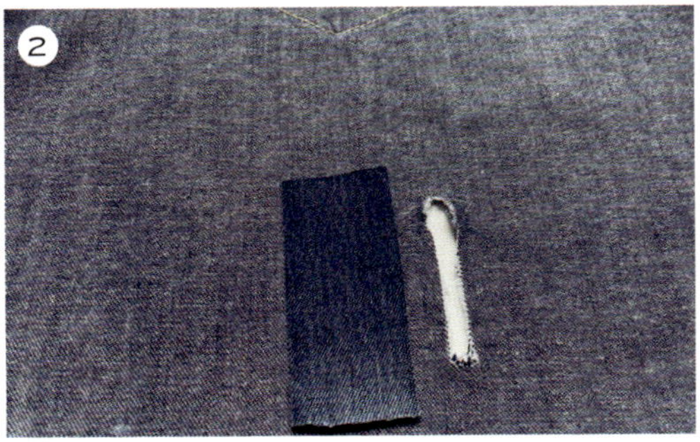

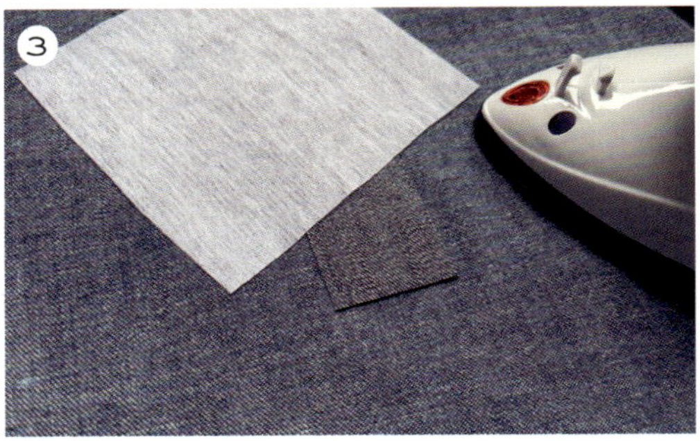

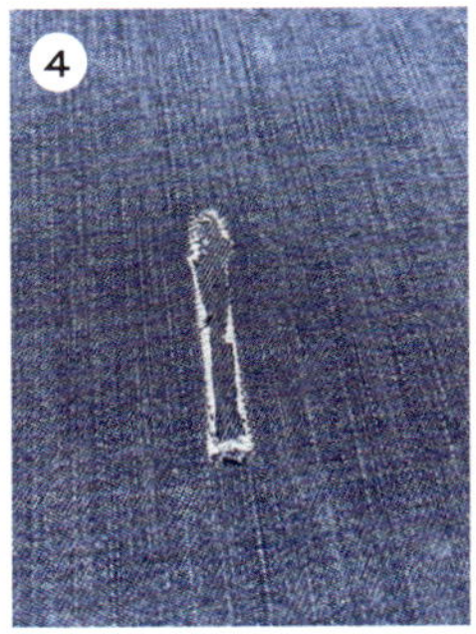

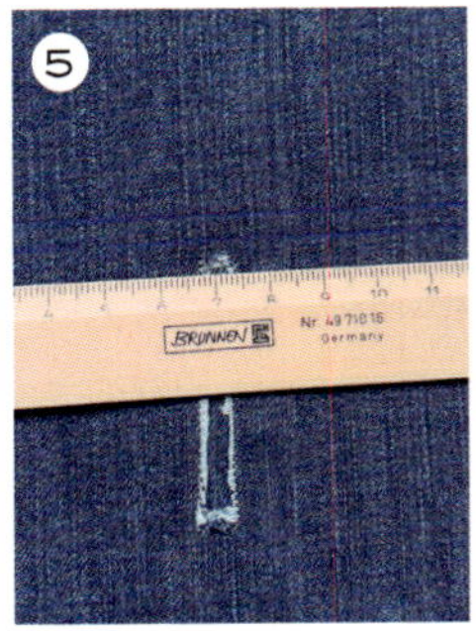

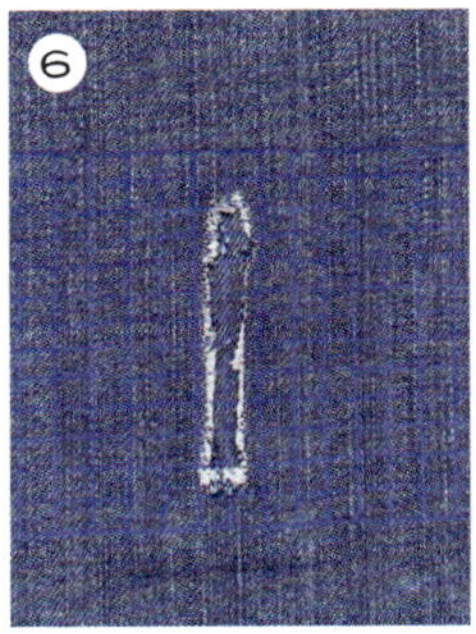

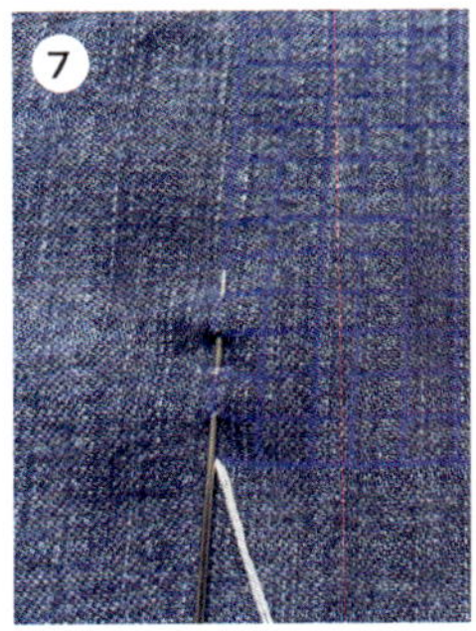

2 Auf links drehen und einen Jeansflicken in der benötigten Größe zuschneiden. Ich habe Stoff einer alten Kinderhose verwendet, da er weich und nicht zu dick ist.

3 Es gibt zwei Möglichkeiten – entweder du nähst den Flicken mit Nähgarn und ein paar Vorstichen rundherum an, oder du schneidest ein Vlies zurecht und bügelfixierst den Flicken. Die Variante ist nur geeignet, wenn beide Stoffe sehr dünn und leicht mit der Nadel zu durchstechen sind.

4 Das Hemd umdrehen und die komplette Fläche nochmal glatt bügeln.

5 Jetzt mit einem Lineal in gleichmäßigen Abständen ein Raster erstellen, das ein ganzes Stück über den Riss hinausgeht.

6 So sieht das fertige Sashiko-Raster aus. Du kannst statt Linien auch Punkte als Markierungshilfe nehmen.

7 Die Stickerei sollte immer flach liegen. Die erste Reihe Vorstiche sticken, dabei immer ein Kästchen freilassen. Ganz wichtig beim Sashiko: Man führt den Stoff über die Nadel – der Stoff ist aktiv, die Nadel passiv.

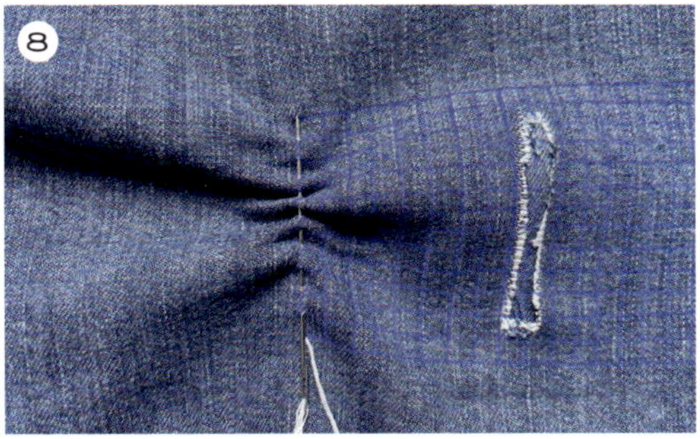

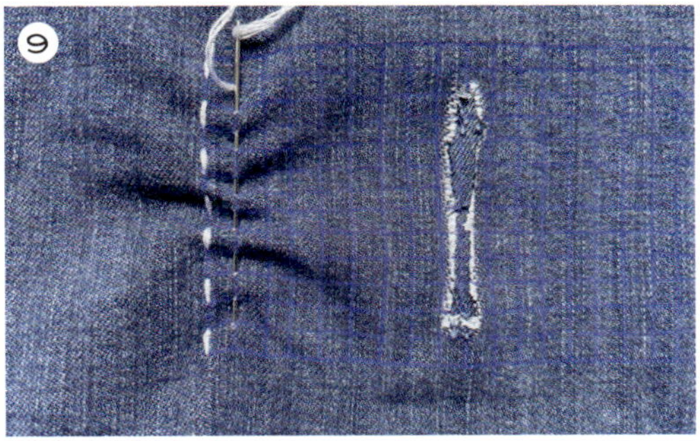

8 Den Stoff so weit wie möglich über die lange Nadel schoppen und am obersten Punkt herausziehen.

9 Die zweite Reihe in umgekehrter Reihenfolge arbeiten. Der Faden darf nicht mehr als nötig auf Spannung sein.

10 Schritt 8 und 9 wiederholen bis zum Ende des Rasters.

11 Eventuell noch horizontale Stiche arbeiten, die über die senkrechten Fäden verlaufen, sodass kleine Kreuze entstehen. Es gibt unzählige Muster im Sashiko-Stil.

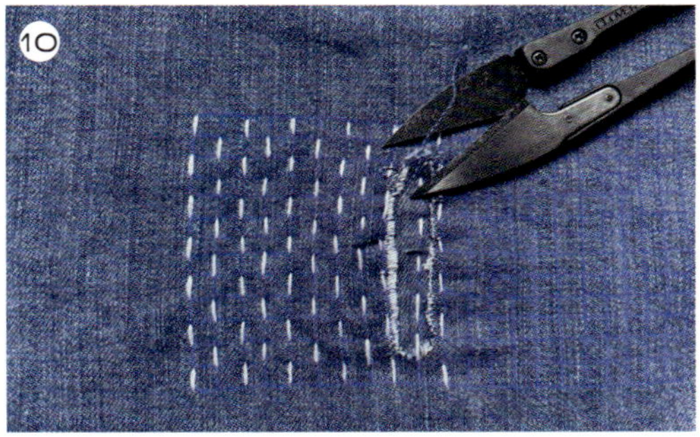

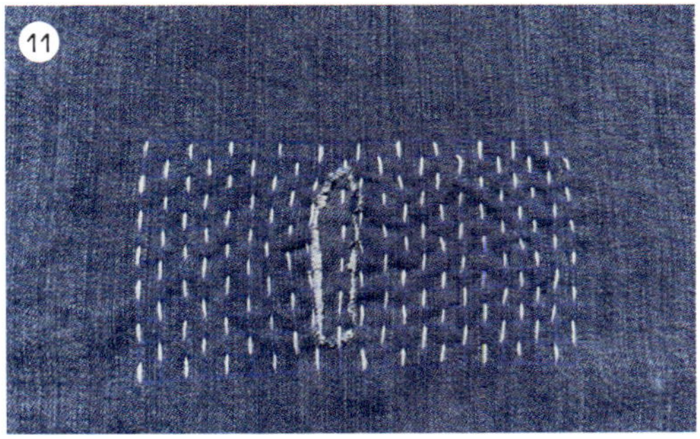

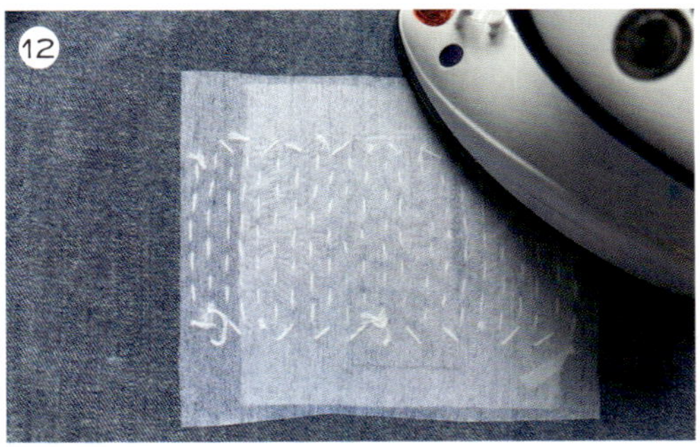

12 Die vorgezeichneten Linien und die ggf. in Schritt 3 verwendeten Vorstiche zur Sicherung des Flickens entfernen und, wenn man möchte, auf der Rückseite noch ein Vlies aufbügeln.

Jeanshose reparieren

MIT SASHIKO-AUFNÄHER

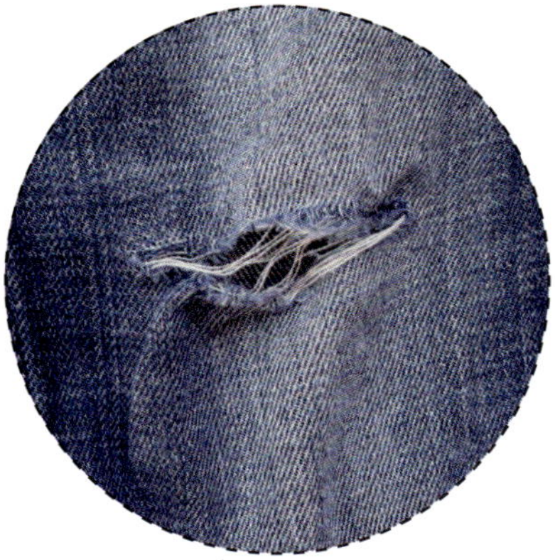

REPARATURANALYSE

Jeanshose ist am Knie gerissen und muss großflächig verschlossen werden.

Vorlage

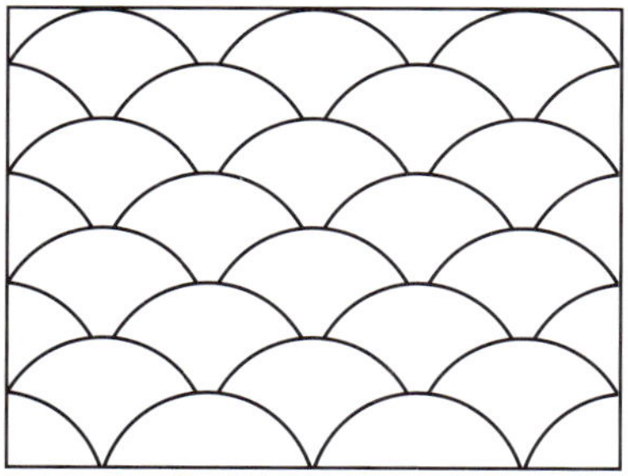

Material

MATERIAL FÜR DEN AUFNÄHER

- fester Baumwollstoff in Blau
- weißes Sashiko-Garn
- Sashiko-Nadel, ca. 7 cm lang
- (Patchwork-)Lineal
- Stoffstift
- Stoffschere

MATERIAL FÜR DIE JEANS-REPARATUR

- weißes Sashiko-Garn
- Sashiko-Nadel, ca. 7 cm lang
- Textilkleber oder Stecknadeln
- kleine Schere oder Fadentrenner

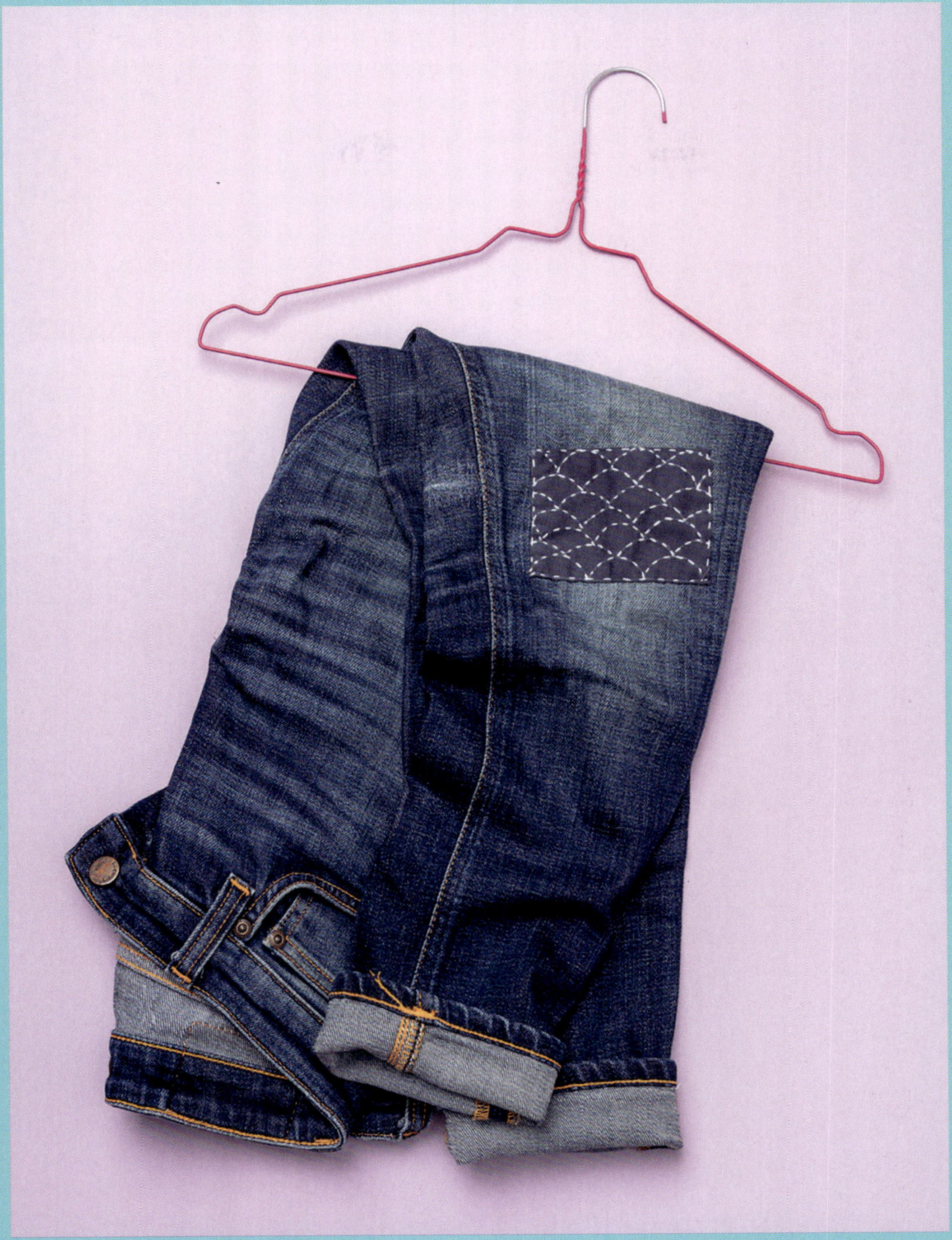

So wird's gemacht

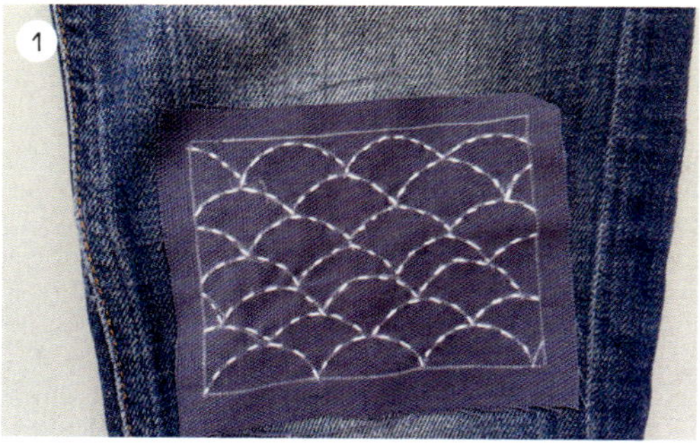

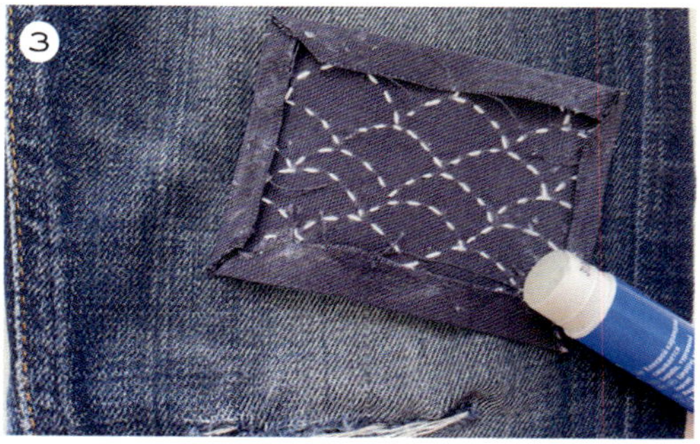

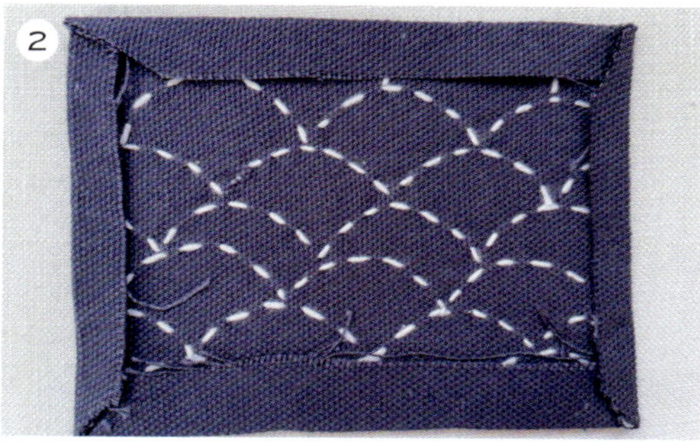

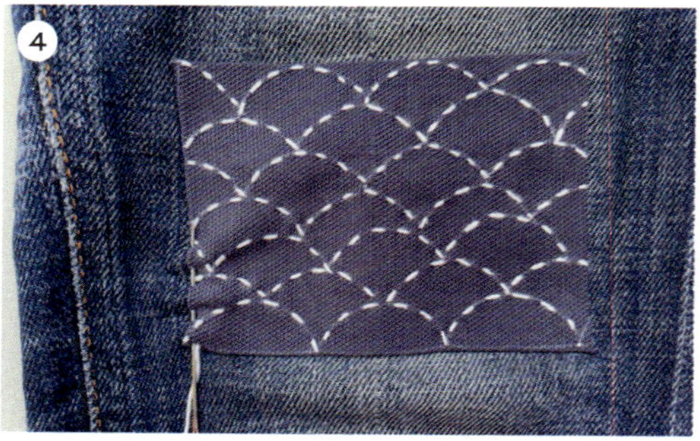

1 Vorab einen festen Baumwollstoff mit einem Sashiko-Muster besticken (eine genaue Anleitung findest du im Projekt auf S. 70). Den Stoff rundherum abschneiden und eine Nahtzugabe von 1cm lassen.

2 Die Nahtzugabe umlegen und bügeln. Überstehende Kanten abschneiden und nochmal mit etwas Druck bügeln.

3 Mit einem auswaschbaren Textilkleber, einer Heftnaht oder ein paar Stecknadeln den Aufnäher auf dem Riss fixieren.

4 Sashiko-Garn einfädeln, einen kleinen Knoten an das Ende machen und den ersten Stich von innen einstechen, damit der Knoten nicht zu sehen ist. Jetzt nah am Rand mit den typischen Sashiko-Vorstichen sticken und gut aufpassen, dass du die Hosenbeine nicht zusammennähst.

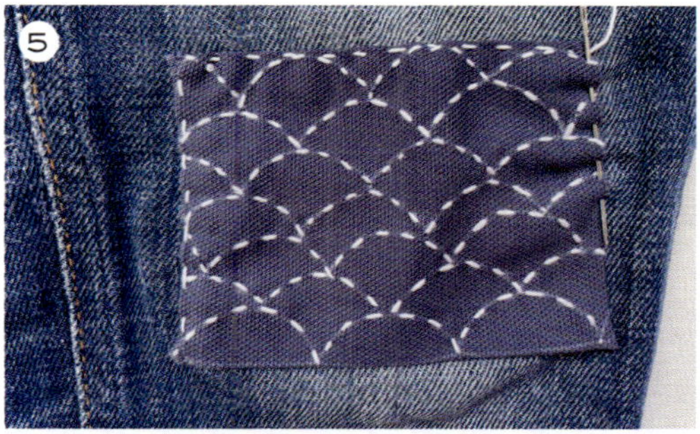

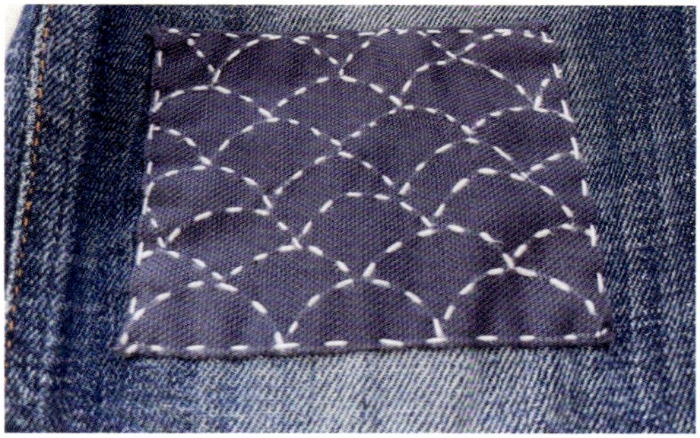

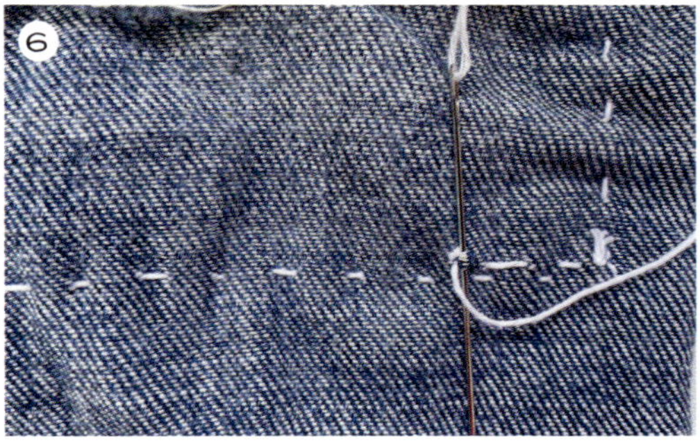

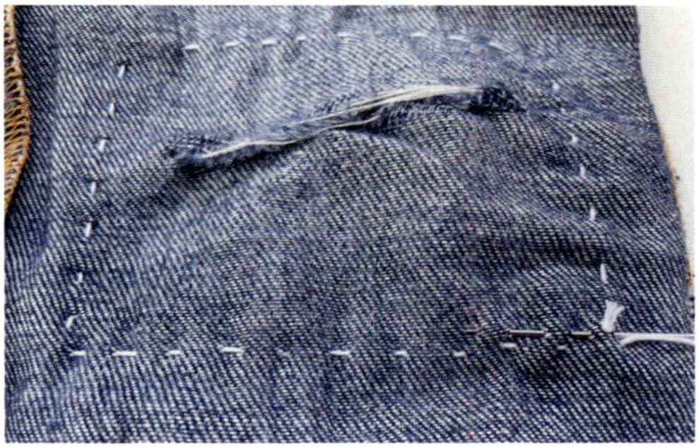

5 In kleinen Stichen rundherum sticken, bis der Aufnäher komplett aufgenäht ist.

6 Die Nadel nach innen führen und die Jeanshose umdrehen. Mit ein paar Vorstichen unter dem Aufnäher nur in die Jeanshose einstechen und anschließend den Faden vernähen.

Über die Autorin

JENNIFER DARGEL

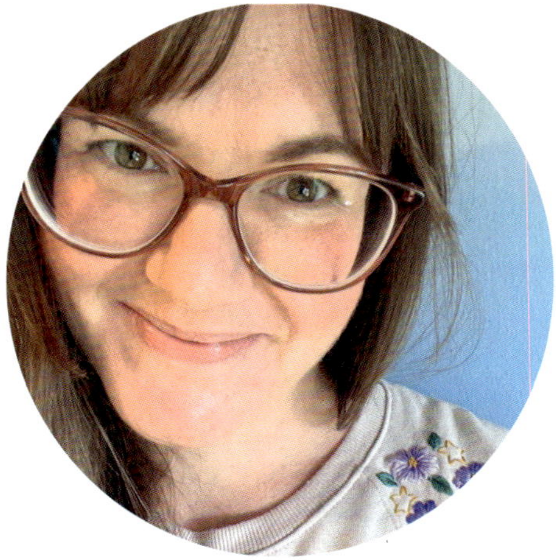

Hinter dem Label „Sonntagskreativität" steht die Künstlerin Jennifer Dargel. Sie lebt mit Mann, Kind und Kater in Düsseldorf, wo sie auch studiert hat. Nachdem sie einige Jahre in der Presse- und Eventbranche arbeitete, gründete sie 2017 Sonntagskreativität. Was zunächst als kreativer Ausgleich am Wochenende startete, ist heute ihre große Leidenschaft.

Die Liebe zum Handarbeiten begleitet sie schon ein Leben lang. Heute entwirft sie moderne Stickkunst, repariert kunstvoll ihre (und andere) Kleidung und teilt das alles auf ihrem gleichnamigen Instagram-Profil. Außerdem gibt sie Workshops und hat die Sonntagskreativität-Stickbox – ein DIY-Stick-Set mit allen Materialien und Anleitungen für ihre Stickdesigns – entwickelt.

Ihr Ziel ist es, ihre Leidenschaft für das Sticken, Reparieren, Weben, Nähen weiterzugeben und zu beweisen, dass das neue Handarbeiten modern, nachhaltig und kunstvoll sein kann und vor allem Spaß macht. Ein Vorhaben, das sie auch mit ihrem ersten Buch „365 Stickmotive" bereits verfolgt hat.

Danksagung

Ich danke meiner Familie für die große und Unterstützung bei diesem Buchprojekt. Insbesondere meinem Bruder, der dieses Buch mit seinen Fotos so sehr bereichert. Danke!

Und ohne eine Person, die diesen ganzen Prozess kreativ begleitet hat und mich meine Deadlines bis aufs Letzte bisschen hat ausreizen lassen, wäre dieses Buch nicht das, was es jetzt ist. Anja, ich danke dir und deinem Team vom EMF Verlag für die erneute liebevolle Unterstützung meiner Ideen und darüber hinaus für die megaguten Tipps, die du immer für mich parat hattest. Es war mir eine große Freude, mit dir gemeinsam dieses Buch zu gestalten und von dir zu lernen.

Ich danke auch meinen Sponsoren, MEZ und Prym, die mich unterstützten. Danke für die problemlose Bereitstellung der Materialien. Außerdem geht ein Riesen-Dankeschön an Friederike von Glüxwurm für die wunderschönen Musselintücher.

Ein letztes großes Dankeschön geht an meine Instagram-Community, die bei allem, was ich mache, immer mit mir in einem Boot sitzt. Wir sticken, reparieren und tauschen uns aus, viele von euch begleiten mich bereits seit Jahren, und dafür bin ich unglaublich dankbar.

Ich freue mich auf ein neues Kapitel mit jeder*m Einzelnen von euch!

Jenni

Impressum

Bibliografische Information der Deutschen Bibliothek.

Die Deutsche Bibliothek verzeichnet diese Publikation in der Deutschen Nationalbibliografie.
Detaillierte bibliografische Daten sind im Internet über http://www.dnb.de/ abrufbar.

EIN BUCH DER EDITION MICHAEL FISCHER

1. Auflage 2023

Covergestaltung: Anna Obermüller, Zoe Mitterhuber
Aufmacherfotos: SHOT STILLSTUDIO, Katja Schubert, München; außer: Coverfoto, S. 1, 27, 29, 31 und 33 Atelier Holger Albrich, München
Stepbilder: Jennifer Dargel, außer S. 30 und S. 33 Sarah Ulrich
Material und Personenfotos: Lars Dargel
Redaktion und Lektorat: Anja Brinkmann
Layout und Satz: Anna Obermüller
Illustrationen Stickstiche: Theresa Maringer
Icons: Schwierigkeit: © Shutterstock/yut548,
Buchrücken: © Shutterstock/davooda

ISBN 978-3-7459-1556-3

Gedruckt bei Polygraf Print, Čapajevova 44, 08001 Prešov, Slowakei

www.emf-verlag.de